Shakespeare

Sonette

William Shakespeare

Sonette

englisch

und deutsch

Verlag

Philipp Reclam jun.

Leipzig 1987

Aus dem Englischen
übertragen von Gottlob Regis

Nachwort von Anselm Schlösser

ISBN 3-379-00198-8

TO THE ONLY BEGETTER OF
THESE INSUING SONNETS
Mr. W. H. ALL HAPPINESS
AND THAT ETERNITY
PROMISED
BY
OUR EVER-LIVING POET
WISHES
THE WELL-WISHING
ADVENTURER IN
SETTING
FORTH
T. T.

Widmungsblatt der ersten Ausgabe der Sonette durch
Thomas Thorpe im Jahre 1609

DEM EINZIGEN ERZEUGER

DIESER

FOLGENDEN SONETTE

MR. W. H. WÜNSCHT ALLES GLÜCK

UND JENE

VON UNSERM

UNSTERBLICHEN DICHTER

VERHEISSENE

EWIGKEIT

DER GUTES WÜNSCHENDE

ABENTEURER

BEIM AUSLAUFEN

T. T.

Sonnet 1

From fairest creatures we desire increase,
That thereby beauty's rose might never die,
But as the riper should by time decease,
His tender heir might bear his memory:
But thou, contracted to thine own bright eyes,
Feed'st thy light's flame with self-substantial fuel,
Making a famine where abundance lies,
Thyself thy foe, to thy sweet self too cruel.
Thou that art now the world's fresh ornament,
And only herald to the gaudy spring,
Within thine own bud buriest thy content,
And, tender churl, mak'st waste in niggarding.

Pity the world, or else this glutton be,
To eat the world's due, by the grave and thee.

Sonett 1

Von schönsten Wesen wünschen wir Vermehrung,

Damit der Schönheit Ros' unsterblich sei,

Und, wenn das Reife stirbt durch Zeitverheerung,

Sein Bild in zarten Erben sich erneu'.

Doch du, in eigner Augen Schein begnügt,

Nährst mit selbstwesentlichem Stoff dein Feuer,

Machst Hungersnot wo Überfülle liegt,

Dir selber Feind, des holden Ichs Bedräuer!

Der jungen Tage frische Zierde du

Und einz'ger Herold bunter Frühlingszeit,

Begräbst in eigner Knospe deine Ruh,

Vergeudest kargend, zarte Selbstigkeit!

Hab Mitleid mit der Welt! Verschling aus Gier

Ihr Pflichtteil nicht in deinem Grab und dir.

Sonnet 2

When forty winters shall besiege thy brow,
And dig deep trenches in thy beauty's field,
Thy youth's proud livery, so gaz'd on now,
Will be a tatter'd weed, of small worth held:
Then being ask'd where all thy beauty lies,
Where all the treasure of thy lusty days;
To say, within thine own deep-sunken eyes,
Were an all-eating shame, and thriftless praise,
How much more praise deserv'd thy beauty's use,
If thou could'st answer: 'This fair child of mine
Shall sum my count, and make my old excuse;'
Proving his beauty by succession thine.

This were to be new-made when thou art old,
And see thy blood warm when thou feel'st it cold.

Sonett 2

Wenn vierzig Winter einst dein Haupt umnachten
Und tief durchfurchen deiner Schönheit Feld,
Dann ist dein Jugendflor, wonach wir itzt so trachten,
Ein mürbes Kleid, das unbemerkt zerfällt.

Ein ödes Lob, ein allverzehrend Schmähn
Wär's dann, dem Forscher nach den Reizen all,
Nach all dem frühen Reichtum, zu gestehn
Er sei dahin mit deines Auges Fall.

Weit rühmlicher wies deine Schönheit sich,
Könntst du erwidern „dies mein schönes Kind
Tilgt meine Schuld, vertritt im Alter mich,
Weil seine Reize Erben meiner sind". –

Dies ist's, wodurch ein Greis sich neu verjüngt
Und kaltem Blut die Wärme wiederbringt.

Sonnet 3

Look in thy glass, and tell the face thou viewest,
Now is the time that face should form another;
Whose fresh repair if now thou not renewest,
Thou dost beguile the world, unbless some mother,
For where is she so fair, whose un-ear'd womb
Disdains the tillage of thy husbandry?
Or who is he so fond, will be the tomb
Of his self-love, to stop posterity?
Thou art thy mother's glass, and she in thee
Calls back the lovely April of her prime:
So thou through windows of thine age shalt see,
Despite of wrinkles, this thy golden time.

But if thou live remembered not to be,
Die single, and thine image dies with thee.

Sonett 3

Sieh in dein Glas! Zum Bild, das es dir weist,
Sprich: Bild, nun mußt du auf dein Abbild denken.
Wenn du dich jetzt auffrischend nicht erneust,
Höhnst du die Welt, wirst Mutterrechte kränken.
Denn welcher Schönen unbestellter Schoß
Verschmäht den Pflug wohl deiner Feldwirtschaft?
Wer wär' in eigner Meinung je so groß,
Der Selbstsucht Grab zu sein, der Enkel Haft?
Du, deiner Mutter Spiegel, zauberst ihr
Der Jugendtage holden Lenz herbei:
So, trotz der Runzeln auch erscheinet dir
Durch deines Alters Fenster einst dein Mai.

Doch, lebst du nur Vergessenheit zu erben,
Stirb einsam, und dein Bild wird mit dir sterben.

Sonnet 4

Unthrifty loveliness, why dost thou spend
Upon thyself thy beauty's legacy?
Nature's bequest gives nothing, but doth lend,
And being frank, she lends to those are free.
Then, beauteous niggard, why dost thou abuse
The bounteous largess given thee to give?
Profitless usurer, why dost thou use
So great a sum of sums, yet canst not live?
For having traffic with thyself alone,
Thou of thyself thy sweet self dost deceive.
Then how, when Nature calls thee to be gone,
What acceptable audit canst thou leave?

Thy unus'd beauty must be tomb'd with thee,
Which, used, lives th' executor to be.

Sonett 4

Anmut, unwirtliche! so mußt du nur
Auf dich dein reizendes Vermächtnis wenden?
Doch schenket nichts, es leihet nur Natur,
Und leiht, freigebig selbst, nur freien Händen.
Warum mißbrauchst du schöner Karger dann
Dies reiche Gut, zum Geben dir gegeben?
Was brauchst du unbelohnter Wuchersmann
Der Summen höchst Summ', und kannst nicht leben?
Denn handeltreibend nur mit dir allein,
Beraubst du seiner selbst dein holdes Ich:
Wie kann dann deine Rechnung richtig sein,
Wenn einst Natur gebietet über dich?

Schönheit, die du nicht brauchst, lischt mit dir aus;
Gebraucht, bestellt sie hinter dir dein Haus.

Sonnet 5

Those Hours, that with gentle work did frame
The lovely gaze where every eye doth dwell,
Will play the tyrants to the very same,
And that unfair which fairly doth excel;
For never-resting Time leads Summer on
To hideous Winter, and confounds him there;
Sap check'd with frost, and lusty leaves quite gone,
Beauty o'ersnow'd, and bareness everywhere:
Then, were not summer's distillation left,
A liquid prisoner pent in walls of glass,
Beauty's effect with beauty were bereft,
Nor it, nor no remembrance what it was.

But flowers distill'd, though they with winter meet,
Leese but their show; their substance still lives sweet.

Sonett 5

Dieselben Stunden, die mit sanftem Kreisen
Den süßen Blick geformt, wonach uns so verlangt,
Sie werden ihm tyrannisch sich erweisen
Und das entstellen, was so herrlich prangt.
Denn Zeit, nie rastend, führt den Sommer fort
Zum finstern Winter, und verdirbt ihn da.
Es stocken Säfte, Blatt auf Blatt verdorrt,
Verschneit liegt Schönheit, Wüste fern und nah.
Blieb dann nicht Sommers abgezogner Sinn,
Der flüssige Gefangn' in Glases Mauern,
Wär' mit dem Schönen Schönheitsfrucht dahin,
Nicht selbst, noch im Gedächtnis fortzudauern.

Doch abgezogne Blumen, ob auch Winter
Sie bleicht, ihr Wesen duftet drum nicht minder.

Sonnet 6

Then let not Winter's ragged hand deface
In thee thy summer, ere thou be distill'd:
Make sweet some vial; treasure thou some place
With beauty's treasure, ere it be self-kill'd.
That use is not forbidden usury,
Which happies those that pay the willing loan;
That's for thyself to breed another thee,
Or ten times happier, be it ten for one;
Ten times thyself were happier than thou art,
If ten of thine ten times refigur'd thee:
Then, what could death do if thou shouldst depart,
Leaving thee living in posterity?

Be not self-will'd, for thou art much too fair
To be Death's conquest, and make worms thine heir.

Sonett 6

Drum, daß nicht Winters rauhe Hand hinfort
Unabgezogen deinen Sommer kränke,
Durchwürz' ein Fläschlein, häuf' auf einen Ort
Der Schönheit Schatz, eh' er sich selbst versenke!
Denn niemand rechnet dir als Wucher zu,
Wofür gern Zinsende beglückter scheinen.
Sie bringen Zins für dich ein ander du,
Und zehnfach glücklicher, wenn zehn für einen.
Zehnfach beglückter wärst du als du bist,
Wenn zehn der deinen zehnfach dich erneuten.
Was dann vermöchte Todes Macht und List?
Lebendig gingst du auf die Folgezeiten.

O sei nicht eigenwillig! viel zu schön
Schuf dich Natur, im Moder zu vergehn.

Sonnet 7

*Lo, in the orient when the gracious light
Lifts up his burning head, each under eye
Doth homage to his new-appearing sight,
Serving with looks his sacred majesty;
And having climb'd the steep-up heavenly hill,
Resembling strong youth in his middle age,
Yet mortal looks adore his beauty still,
Attending on his golden pilgrimage;
But when from high-most pitch, with weary car,
Like feeble age, he reeleth from the day,
The eyes, 'fore duteous, now converted are
From his low tract, and look another way:*

*So thou, thyself outgoing in thy noon,
Unlook'd on diest, unless thou get a son.*

Sonett 7

Sieh! wenn von Osten her das Segenslicht

Sein Glanzhaupt zeigt, wie aller Augensphären

Ihm huldigen, dem kommenden Gesicht,

Mit Blicken seine heil'ge Hoheit ehren.

Und hat er auch den steilsten Himmelsplan,

Gleich rüst'ger Mitteljugend schon beschritten,

Noch beten Menschen seine Schönheit an,

Noch lauschen sie des Gottes goldnen Tritten.

Doch, wenn von höchster Höh' ermüdet dann

Tagabwärts wankt des schwachen Greises Wagen,

Gleich kehrt von seinem niedrigen Gespann

Der Blick sich weg, erst zu ihm aufgeschlagen.

So du, um Mittag schon dir selbst entflohn,

Stirbst unbemerkt, zeugst du dir nicht den Sohn.

Sonnet 8

Music to hear, why hear'st thou music sadly?
Sweets with sweets war not, joy delights in joy.
Why lov'st thou that which thou receiv'st not gladly?
Or else receiv'st with pleasure thine annoy?
If the true concord of well-tuned sounds,
By unions married, do offend thine ear,
They do but sweetly chide thee, who confounds
In singleness the parts that thou shouldst bear.
Mark how one string, sweet husband to another,
Strikes each in each by mutual ordering;
Resembling sire and child and happy mother,
Who, all in one, one pleasing note do sing:

Whose speechless song, being many, seeming one,
Sings this to thee: 'Thou single wilt prove none.'

Sonett 8

Du selbst Musik, und hörst Musik so trübe?
Süßes kämpft nicht mit Süßem, Lust weckt Lust.
Liebst du etwas, damit es dich betrübe?
Eröffnest freudig deiner Qual die Brust?
Wenn dir das Ohr Einklang der rein gesellten,
In Einigkeit vermählten Töne stört,
So scheinen sie nur lieblich dich zu schelten,
Der seine Stimm' in Ledigkeit verzehrt.
Horch wie ein Klang die Saiten, gleiches Falles,
Wie teure Gatten wechselseits durchdringt;
Wie Vater, Kind, und frohe Mutter, alles
In eins, die eine muntre Note singt!

Ein sprachlos Lied, der vielen eine Pflicht,
Dir singt es: einsam gehest du zunicht.

Sonnet 9

Is it for fear to wet a widow's eye,
That thou consum'st thyself in single life?
Ah! if thou issueless shalt hap to die,
The world will wail thee, like a makeless wife:
The world will be thy widow, and still weep,
That thou no form of thee hast left behind,
When every private widow well may keep,
By children's eyes, her husband's shape in mind.
Look, what an unthrift in the world doth spend,
Shifts but his place, for still the world enjoys it:
But beauty's waste hath in the world an end,
And kept unus'd, the user so destroys it.

No love toward others in that bosom sits,
That on himself such murderous shame commits.

Sonett 9

Willst du dein Leben ehelos vergeuden,
Damit nicht eine Witwenträne fällt?
Ach! wenn du kinderlos dann müßtest scheiden,
Bangt um dich das verlaßne Weib: die Welt.

Die Welt wird deine Witwe sein, und weinen,
Daß sie von dir kein Ebenbild behält,
Wenn jede Erdenwitw' in ihren Kleinen
Des Gatten Gleichnis sich lebendig hält.

Sieh, was ein Wüstling in der Welt verschwendet,
Vertauscht die Stätte nur, es bleibt im Brauch;
Doch in der Welt verpraßte Schönheit endet;
Und sie zerstört verbrauchend Nichtgebrauch.

Das Herz liebt andre nicht, das solche Schmach
Selbstmordend an sich selber üben mag.

Sonnet 10

For shame! deny that thou bear'st love to any,
Who for thyself art so unprovident,
Grant if thou wilt, thou art belov'd of many,
But that thou none lov'st, is most evident;
For thou art so possess'd with murderous hate,
That 'gainst thyself thou stick'st not to conspire,
Seeking that beauteous roof to ruinate,
Which to repair should be thy chief desire.
O change thy thought that I may change my mind!
Shall hate be fairer lodg'd than gentle love?
Be as thy presence is, gracious and kind,
Or to thyself, at least, kind-hearted prove;

Make thee another self, for love of me,
That beauty still may live in thine or thee.

Sonett 10

O Schmach! vernein es, irgendwen zu lieben,
Du, der du auf dich selbst so unbedacht!
Gib zu, du seist das Ziel von vieler Trieben,
Doch daß du niemand liebst, ist ausgemacht.
Denn dich beherrscht ein mörderischer Haß,
Daß du nicht zauderst, selbst dich zu bedräuen,
Das edle Haus zerrütten möchtest, das
Vor allen dir geziemte zu erneuen.
O ändre deinen Sinn, und meine Meinung!
Birgt Haß in holder Liebe Wohnung sich?
Sei mild wie deine liebliche Erscheinung:
Sei mindestens barmherzig gegen dich.

Erschaffe neu, aus Liebe dich zu mir,
Daß Schönheit leb' im deinen oder dir.

Sonnet 11

As fast as thou shalt wane, so fast thou grow'st
In one of thine, from that which thou departest;
And that fresh blood which youngly thou bestow'st,
Thou may'st call thine, when thou from youth convertest.
Herein lives wisdom, beauty, and increase;
Without this, folly, age, and cold decay:
If all were minded so, the times should cease,
And threescore years would make the world away.
Let those whom Nature hath not made for store,
Harsh, featureless, and rude, barrenly perish:
Look whom she best endow'd, she gave the more,
Which bounteous gift thou shouldst in bounty cherish;

She carv'd thee for her seal, and meant thereby,
Thou shouldst print more, nor let that copy die.

Sonett 11

So schnell du abblühst, sprossest du heran
Aus dem, was dir entging, in deinen Zweigen,
Und was du jugendlich an Blut vertan,
Das nennst du, wenn die Jugend schwand, dein eigen.
Hierin lebt Weisheit, Schönheit, Nachwuchs fort;
Sonst, Torheit, Alter, eisiges Gerinnen.
Dächt' alles so, die Zeit wär' längst verdorrt,
In sechzig Jahren diese Welt von hinnen.
Laß sterben unfruchtbar, die anmutleer,
Rauh von Natur und wüst nicht zur Vermehrung taugen;
Sieh ihre Bestbegabten; dir ward mehr;
So reiche Gabe sollst du reichlich brauchen!

Natur schnitt ihren Stempel dich, und sprach:
Laß ihn nicht untergehen, präg' ihn nach.

Sonnet 12

When I do count the clock that tells the time,
And see the brave day sunk in hideous night;
When I behold the violet past prime,
And sable curls all silvers'd o'er with white;
When lofty trees I see barren of leaves,
Which erst from heat did canopy the herd,
And summer's green all girded up in sheaves,
Borne on the bier with white and bristly beard;
Then of thy beauty do I question make,
That thou among the wastes of Time must go,
Since sweets and beauties do themselves forsake,
And die as fast as they see others grow;

And nothing 'gainst Time's scythe can make defence,
Save breed, to brave him when he takes thee hence.

Sonett 12

Zähl' ich die Glocke, die die Zeiten mißt,

Seh' ich den wackern Tag in Nacht verloren,

Und wie des Veilchens Lenz vorüber ist,

Wie sich mit Silber dunkle Haar' umfloren;

Erblick' ich hoher Wipfel dürres Laub,

Die erst ein Schattendach der Herde waren,

Geschürzt in Garben grünen Feldesraub

Weißbärtig, wie im Sarg, zur Scheuer fahren:

Dann kommt mir deine Schönheit in den Sinn,

Daß du der Zeiten Trümmer mußt vermehren;

Weil Reiz und Jugendschmuck sich selbst entfliehn,

Sich selbst so schnell als andre blühn, zerstören,

Und vor dem Sensenhieb der Zeit nichts wahrt

Als, ihm zum Trutz, Fortzeugung deiner Art.

Sonnet 13

O that you were yourself! but, love, you are
No longer yours, than you yourself here live:
Against this coming end you should prepare,
And your sweet semblance to some other give.
So should that beauty which you hold in lease
Find no determination: then you were
Yourself again, after yourself's decease,
When your sweet issue your sweet form should bear.
Who lets so fair a house fall to decay,
Which husbandry in honour might uphold
Against the stormy gusts of winter's day,
And barren rage of death's eternal cold?

O, none but unthrifts: – Dear my love, you know
You had a father; let your son say so.

Sonett 13

O wärest du dein eigen! Aber du
Gehörest nur in diesem Leben dir.
Darum bereit' auf diesen Schluß dich zu,
Gib einem andern deine holde Zier.
So geht der Schönheit Lehen, das du hast,
Zu Ende nicht: du bist derselbe wieder,
Wenn sich dein schönes Bild, nachdem du selbst erblaßt,
Einst fortgepflanzt auf schöne Kindesglieder.
Wer ließ verfallen ein so edles Haus,
Das Wirtlichkeit in Ehren halten könnte,
Gesichert gegen Wintersturmes Graus
Und ew'gen Todeskampf der Elemente?

O nur Verschwender! – Deinen Vater weißt
Du, Freund: gib, daß dein Sohn auch so den seinen preist.

Sonnet 14

Not from the stars do I my judgment pluck;
And yet methinks I have astronomy,
But not to tell of good, or evil luck,
Of plagues, of dearths, or seasons' quality:
Nor can I fortune to brief minutes tell,
Pointing to each his thunder, rain, and wind,
Or say, with princes if it shall go well,
By oft predict that I in heaven find:
But from thine eyes my knowledge I derive,
And, constant stars, in them I read such art,
As truth and beauty shall together thrive,
If from thyself to store thou wouldst convert:

Or else of thee this I prognosticate,
Thy end is truth's and beauty's doom and date.

Sonett 14

Nicht in den Sternen schärf' ich meinen Blick,
Und denke doch ein Astronom zu sein;
Nicht weil ich gutes oder Mißgeschick,
Pest, Hunger, Wittrung könnte prophezein:
Noch weiß ich auf ein Haar das Glück zu deuten,
Wann einen Donner, Wind und Regen trifft;
Der Fürsten Wohlergehn und Widrigkeiten
Les' ich nicht mühsam aus des Himmels Schrift:
Nein, deine Augen sind mein Quell der Klarheit;
Die sichern Sterne geben Kunde mir,
Daß Schönheit weiter blühen wird und Wahrheit,
Wenn du ein neu Geschlecht erweckst aus dir.

Wo nicht, dann sag' ich dies von dir voraus:
Mit dir stirbt Schönheit und lischt Wahrheit aus.

Sonnet 15

*When I consider everything that grows
Holds in perfection but a little moment,
That this huge stage presenteth nought but shows
Whereon the stars in secret influence comment;
When I perceive that men as plants increase,
Cheered and check'd even by the self-same sky;
Vaunt in their youthful sap, at height decrease,
And wear their brave state out of memory;
Then the conceit of this inconstant stay
Sets you most rich in youth before my sight,
Where wasteful Time debateth with Decay,
To change your day of youth to sullied night;*

*And, all in war with Time, for love of you,
As he takes from you, I engraft you new.*

Sonett 15

Bedenk' ich, alles Wachsende beharrt
Nur im Vollkommnen wenig Augenblicke,
Und daß des großen Balls Gestalten aller Art
Die Stern' umwittern mit geheimer Tücke:
Seh' ich den Menschen pflanzengleich genährt,
Wie ihn derselbe Himmel hegt und beuget,
Vollsaftig prangend, dann zurückgekehrt
Von höchster Höh', in ihm das Mark vertreuchet:
Dann führt das Bild von seiner Flüchtigkeit
Im höchsten Jugendflor dich mir vor Augen,
Wo räuberisch die trümmerfrohe Zeit
Bemüht ist deinen Tag in Nacht zu tauchen.

Und stets im Kampfe mit der Zeit, dir treu,
Wie sie auch von dir nimmt, pflanz' ich dich neu.

Sonnet 16

But wherefore do not you a mightier way
Make war upon this bloody tyrant, Time?
And fortify yourself in your decay
With means more blessed than my barren rhyme?
Now stand you on the top of happy hours;
And many maiden gardens, yet unset,
With virtuous wish would bear you living flowers,
Much liker than your painted counterfeit:
So should the lines of life that life repair,
Which this (Time's pencil, or my pupil pen),
Neither in inward worth, nor outward fair,
Can make you live yourself in eyes of men.

To give away yourself, keeps yourself still;
And you must live, drawn by your own sweet skill.

Sonett 16

Doch warum kehrst du selbst nicht mächtigere Waffen
Auf diese blutige Tyrannin Zeit?
Suchst dir für deinen Herbst nicht wärmern Hort zu schaffen
Als dies mein unfruchtbares Lied dir beut?
Nun stehest du in voller Stunden G'nüge,
Da manch ein Mädchenbeet, noch unbelaubt.
Mit keuschem Wunsch dir gern lebend'ge Blumen trüge,
Weit ähnlicher als dein gemaltes Haupt.
Dann blieb in Lebenslinien jung dies Leben,
Das dir mein Schülerkiel am Zeitenschild,
Weil weder inn'rer Wert noch äuß'rer Glanz ihn heben.
In Menschenaugen nimmer frisch erhielt.

Wie du dich weggibst bleibst du dein; du lebst,
Wenn du mit holder Kunst dich selbst zu zeichnen strebst.

Sonnet 17

Who will believe my verse in time to come,
If it were fill'd with your most high deserts?
Though yet Heaven knows it is but as a tomb
Which hides your life, and shows not half your parts.
If I could write the beauty of your eyes,
And in fresh numbers number all your graces,
The age to come would say, 'This poet lies,
Such heavenly touches ne'er touch'd earthly faces.'
So should my papers, yellowed with their age,
Be scorn'd, like old men of less truth than tongue;
And your true rights be term'd a poet's rage,
And stretched metre of an antique song:

But were some child of yours alive that time,
You should live twice, – in it, and in my rhyme.

Sonett 17

Wer glaubt wohl künftig an mein Lied, erfüllet
Von deinem höchsten Wert? – Der Himmel zwar
Weiß, nur ein Grab ist's, das dein Leben hüllet,
Nicht halb dein Erbteil schildernd wie es war. –
Schrieb ich die Schönheit deiner Augenlichter,
In frischen Weisen jeden Reiz von dir,
Die Nachwelt spräch: ein Lügner ist der Dichter,
So himmlisch blickt kein Erdenauge hier.

So wäre dann, Greisen gleich von minder Witz als Worten,
Mein Blatt, vergilbt an ihrem Alter, schon
Zu Spott, dein gutes Recht ein Dichterwahnsinn worden,
Aus einem alten Sang ein übertriebner Ton!

Doch, hättest du ein Kind um jene Zeit,
Zwiefach wärst du, in ihm, und meinem Reim erneut.

Sonnet 18

Shall I compare thee to a summer's day?
Thou art more lovely and more temperate:
Rough winds do shake the darling buds of May,
And summer's lease hath all too short a date:
Sometime too hot the eye of heaven shines,
And often is his gold complexion dimm'd;
And every fair from fair sometime declines,
By chance, or nature's changing course, untrimm'd;
But thy eternal summer shall not fade,
Nor lose possession of that fair thou ow'st;
Nor shall Death brag thou wander'st in his shade,
When in eternal lines to time thou grow'st;

So long as men can breathe, or eyes can see,
So long lives this, and this gives life to thee.

Sonett 18

Soll ich dich einem Sommertag vergleichen?
Anmutiger, gemäßigter bist du.
Des Maies Lieblinge jagt Sturmwind von den Zweigen,
Und nur zu früh gehn Sommers Pforten zu.
Bald scheint zu heiß des Himmels Auge, bald
Umdunkelt sich sein goldner Kreis; es weilet
Das Schöne nie in seiner Wohlgestalt,
Vom Zufall, vom Naturlauf übereilet.
Du aber sollst in ew'gem Sommer blühn,
Nie deiner Schönheit Eigentum veralten;
Nie soll dich Tod in seine Schatten ziehn,
Wenn ew'ge Zeilen dich der Zeit erhalten.

Solange Menschen atmen, Augen sehn,
So lang lebt dies, und heißt dich fortbestehn.

Sonnet 19

Devouring Time, blunt thou the lion's paws,
And make the earth devour her own sweet brood;
Pluck the keen teeth from the fierce tiger's jaws,
And burn the long-liv'd phoenix in her blood;
Make glade and sorry seasons, as thou fleet'st,
And do whate'er thou wilt, swift-footed Time.
To the wide world, and all her fading sweets;
But I forbid thee one most heinous crime:
O carve not with thy hours my love's fair brow,
Nor draw no lines there with thine antique pen;
Him in thy course untainted do allow,
For beauty's pattern to succeeding men.

Yet do thy worst, old Time: despite thy wrong,
My love shall in my verse ever live young.

Sonett 19

Stumpfe, du gierige Zeit! des Löwen Krallen,
Der Erde gib zum Fraß die eigne Kinderbrut;
Laß wildem Tigerschlund die scharfen Zähn' entfallen,
Flamm' auf den Phönix im uralten Blut:
Gib froh und bang auf deiner Flucht die Stunden
Der weiten Welt, tu was du willst mit ihr
Und allem Schönen drin entstanden wie verschwunden;
Nur einen ärgsten Frevel wehr' ich dir:
O furche nicht die schöne Stirn des Lieben!
Mit deinem grauen Kiel zieh keine Linien dort:
Ihn wolle nicht in deinem Laufe trüben!
Der Schönheit Muster leucht' er künft'gen Tagen fort.

Doch tu dein ärgstes, alte Zeit! es blüht
Trotz deiner Wut mein Lieb doch jung in meinem Lied.

Sonnet 20

A woman's face with Nature's own hand painted,
Hast thou, the master-mistress of my passion;
A woman's gentle heart, but not acquainted
With shifting change, as is false women's fashion;
An eye more bright than theirs, less false in rolling,
Gilding the object whereupon it gazeth;
A man in hue, all hues in his controlling,
Which steals men's eyes, and women's souls amazeth.
And for a woman wert thou first created;
Till Nature, as she wrough thee, fell a-doting,
And by addition me of thee defeated,
By adding one thing to my purpose nothing.

But since she prick'd thee out for women's pleasure,
Mine be thy love, and thy love's use their treasure.

Sonett 20

Von eignen Händen der Natur geschminkt,

Ein Fraungesicht hast du Mann-Mädchen meiner Liebe!

Ein mildes Frauenherz, doch unbedingt

Durch falscher Frauen wechselvolle Triebe:

Ein Auge heller, minder falsch im Rollen,

Vergoldend wie es blickt. Von Farb' ein Mann,

Dem Huldigung der andern Farben zollen;

Der Männeraugen Dieb, der Frauenseelen Bann.

Auch warest du zum Weib geboren, machte

Natur nicht, in der Arbeit liebeblind,

Den Zusatz, der mein Hoffen um dich brachte,

Dir Gaben leihend, die mir nutzlos sind.

Doch da sie Frauengunst mit dir gesucht,

Gib deine Liebe mir, gib ihnen Liebesfrucht.

Sonnet 21

So is it not with me as with that Muse,
Stirr'd by a painted beauty to his verse;
Who heaven itself for ornament doth use,
And every fair with his fair doth rehearse;
Making a couplement of proud compare,
With sun and moon, with earth and sea's rich gems,
With April's first-born flowers, and all things rare
That heaven's air in this huge rondure hems.
O let me, true in love, but truly write.
And then believe me, my love is as fair
As any mother's child, through not so bright
As those gold candles fix'd in heaven's air:

Let them say more that like of hearsay well;
I will not praise, that purpose not to sell.

Sonett 21

Nicht jene Muse hab' ich mir erwählt,
Die aus gemalten Reizen Lieder saugt,
Selbst nur zur Färbung braucht des Himmels Zelt,
In seine Schönheit alles Schöne taucht;
Die nur zusammenhäuft hochtrabende Vergleiche
Mit Sonn' und Mond, dem köstlichsten Gestein
In Erd' und See, mit Florens jüngstem Zweige,
Und was nur Seltnes hegt des Himmels Wölbung ein.
O laß mich, treu in Lieb', auch treu nur schreiben!
Dann glaube mir: so reizend ist mein Freund
Wie je ein Mutterkind, wenn er die goldnen Scheiben
Des Sternenplanes gleich nicht überscheint.

Mehr sage, wer mit Worten abzuspeisen:
Ich, der ich nichts verkaufe, mag nichts preisen.

Sonnet 22

My glass shall not persuade me I am old,
So long as youth and thou are of one date;
But when in thee time's furrows I behold,
Then look I death my days should expiate.
For all that beauty that doth cover thee,
Is but the seemly raiment of my heart,
Which in thy breast doth live, as thine in me;
How can I then be elder than thou art?
O therefore, love, be of thyself so wary,
As I not for myself but for thee will;
Bearing thy heart, which I will keep so chary
As tender nurse her babe from faring ill.

Presume not on thy heart when mine is slain,
Thou gav'st me thine, not to give back again.

Sonett 22

Dem Spiegel glaub' ich noch mein Alter nicht,
So lang verbunden du und Jugend grünen.
Doch säh' ich Runzeln dir im Angesicht,
Wüßt' ich, nah wär mein Tod, der Tage Schuld zu sühnen.
Denn alle Schönheit, wie sie lebt an dir,
Deckt nur mein Herz mit saubrer Hülle zu,
Das dir im Busen wohnt, wie deins in mir:
Wie könnt' ich denn nun älter sein als du?
O darum, Freund, sei für dich selbst so wachsam
Wie ich für dich, nicht für mich selbst will sein;
Der ich dein Herz will hegen so bedachtsam
Wie zarte Ammen ihre Kindelein.

Bau' auf dein Herz nicht mehr, wenn meins erliegt!
Zum Wiedergeben gabst du deins mir nicht.

Sonnet 23

As an unperfect actor on the stage,
Who with his fear is put besides his part,
Or some fierce thing replete with too much rage,
Whose strength's abundance weakens his own heart;
So I, for fear of trust, forget to say
The perfect ceremony of love's rite,
And in mine own love's strength seem to decay,
O'ercharg'd with burthen of mine own love's might.
O let my looks be then the eloquence
And dumb presagers of my speaking breast,
Who plead for love, and look for recompense,
More than that tongue that more hath more express'd.

O learn to read what silent love hath writ:
To hear with eyes belongs to love's fine wit.

Sonett 23

Wie auf der Bühn' ein ungeübter Held,
Wenn ihn die Furcht in seiner Rolle hindert,
Oder ein wild Geschöpf, das Wut zu hitzig schwellt
Und übermächtig ihm die eigne Stärke mindert:
So ich vergess' es, zaghaft, auszusprechen,
Was von mir fordert voller Liebe Pflicht;
In eigner Liebe Macht schein' ich mich abzuschwächen,
Zu Boden drückt mich eigner Glut Gewicht.
O dann nimm meine Blick' als Redekünste
Und stumme Deuter der beredten Brust!
Die flehn um Lieb' und schmachten um Gewinnste
Mehr als ein Mund mit Worten je gewußt.

Was Liebe schweigend schrieb, o lern' es lesen!
Mit Augen hören ziemt der Liebe feinem Wesen.

Sonnet 24

Mine eye hath play'd the painter, and hath stell'd
Thy beauty's form in table of my heart;
My body is the frame wherein 'tis held,
And perspective it is best painter's art.
For through the painter must you see his skill,
To find where your true image pictur'd lies,
Which in my bosom's shop is hanging still,
That hath his windows glazed with thine eyes.
Now see what good turns eyes for eyes have done;
Mine eyes have drawn thy shape, and thine for me
Are windows to my breast, where-through the sun
Delights to peep, to gaze therein on thee;

Yet eyes this cunning want to grace their art,
They draw but what they see, know not the heart.

Sonett 24

Mein Auge war ein Maler, der dein Bild
In meines Herzens Grund gezeichnet tief.
Mein Leib umzirkt es wie ein Rahmenschild,
Und Malers beste Kunst ist perspektiv:
Denn durch den Maler durchsehn mußt du sein Geschick,
Wenn du dein armes Bild willst finden, wo es liegt:
In meines Busens Schrein bis diesen Augenblick,
Darein dein Auge sich als Fenster schmiegt.
Sieh nun wie gut ein Auge dient dem andern!
Meins malt dein Bild, dafür, in meiner Brust
Wird deins zum Fenster, wo die Sonnenstrahlen wandern,
Durchblickend dich belauschen drin mit Lust.

Nur daß das Aug' entbehret eines Lichts:
Es malt nur, was es sieht, vom Herzen weiß es nichts.

Sonnet 25

Let those who are in favour with their stars,
Of public honour and proud titles boast,
Whilst I, whom fortune of such triumph bars,
Unlook'd for joy in that I honour most.
Great princes' favourites their fair leaves spread
But as the marigold at the sun's eye;
And in themselves their pride lies buried,
For at a frown they in their glory die.
The painful warrior famoused for figth,
After a thousand victories once foil'd,
Is from the book of honour razed quite,
And all the rest forgot for which he toil'd:

Then happy I, that love and am beloved,
Where I may not remove, nor be removed.

Sonett 25

Laß, wem ein günstiges Gestirne tagt,
Mit öffentlicher Ehr' und Titeln prunken.
Ich, dem das Glück so hohen Glanz versagt,
Bin, unbemerkt, von andrer Ehrfurcht trunken.
Wie bunte Primeln an der Sonne Blick,
Entfalten Fürstengünstlinge die Blume,
Begraben in sich selbst ihr stolzes Glück;
Ein Schmollen tötet sie in ihrem Ruhme.
Der mühevolle Krieger, kampfbekannt,
Nach tausend Siegen einmal überwunden,
Ist aus dem Buch der Ehre wie verbannt,
Vergessen ganz die Früchte saurer Stunden:

Darum wohl mir! Ich lieb' und bin geliebt,
Wo's kein Verdrängen noch Verdrungenwerden gibt.

Sonnet 26

*L*ord of my love, to whom in vassalage
Thy merit hath my duty strongly knit,
To thee I send this written ambassage,
To witness duty, not to show my wit.
Duty so great, which wit so poor as mine
May make seem bare, in wanting words to show it;
But that I hope some good conceit of thine
In thy soul's thought, all naked, will bestow it:
Till whatsoever star that guides my moving,
Points on me graciously with fair aspéct,
And puts apparel on my tattered loving,
To show me worthy of thy sweet respect:

Then may I dare to boast how I do love thee,
Till then, not show my head where thou may'st prove me

Sonett 26

Herr meiner Liebe! Der zum Sklaven du
Durch dein Verdienst mich ganz gemacht dein eigen,
Dir send' ich die geschriebne Botschaft zu,
Ergebenheit, nicht Geisteskraft zu zeigen:
Ergebenheit so groß, daß sie mein schlichter Geist,
Dem Worte fehlen, dir nur dürftig beut,
Wenn ich nicht hoffen darf, im guten Herzen seist
Du auch die nackende zu kleiden mir bereit;
Bis das Gestirn, das meine Tage lenkt,
Wie es auch heiße, mit versöhntem Strahl
Mir winkend, zarter Liebe Kleidung schenkt,
Mich wert zu zeigen deiner süßen Wahl.

Dann wag' ich laut zu rühmen wie ich dein:
Bis dahin soll mein Haupt vor dir verborgen sein.

Sonnet 27

Weary with toil, I haste me to my bed,
The dear repose for limbs with travel tired;
But then begins a journey in my head,
To work my mind, when body's work's expired:
For then my thoughts (from far where I abide)
Intend a zealous pilgrimage to thee,
And keep my drooping eyelids open wide,
Looking on darkness which the blind do see:
Save that my soul's imaginary sight
Presents thy shadow to my sightless view,
Which, like a jewel hung in ghastly night,
Makes black night beauteous, and her old face new.

Lo, thus, by day my limbs, by night my mind,
For thee, and for myself, no quiet find.

Sonett 27

Ich eil' ins Bett, ermüdet von Beschwer,
Zur holden Ruhstatt weitgereister Glieder:
Doch auf den Weg macht sich das Haupt nunmehr,
Wach wird die Seele, sinkt der Leib darnieder.
Denn jetzo suchen die Gedanken dich,
Aus weiter Fern' auf frommer Pilgerschaft;
Weit offen halten Augenlider sich,
Ich blick' in Dunkel, wie ein Blinder gafft.
Nur meines Geistes Aug' einbildsamlich
Stellt dein Phantom unsehenden Augen dar:
Dort hängt's in Nächten ein Juwel für mich,
Verklärt das alte Dunkel wunderbar.

Sieh, wie am Tag den Leib, nachts das Gemüt,
Um dich und mich, ersehnte Ruhe flieht!

Sonnet 28

How can I then return in happy plight,
That am debarr'd the benefit of rest?
When day's oppression is not eas'd by night,
But day by night and night by day oppress'd?
And each, though enemies to either's reign,
Do in consent shake hands to torture me,
The one by toil, the other to complain
How far I toil, still farther off from thee.
I tell the day, to please him, thou art bright,
And dost him grace when clouds do blot the heaven:
So flatter I the swart- complexion'd night;
When sparkling stars twire not, thou gild'st the even.

But day doth daily draw my sorrows longer,
And night doth nightly make grief's strength seem stronger.

Sonett 28

Wie soll es dann nun besser mit mir werden,
Wenn mir der Ruhe Wohltat bleibt versagt?
Wenn Nacht nicht heilen will des Tags Beschwerden,
Und Tag an Nacht, und Nacht am Tage nagt?
Wenn jedes zwar dem Reich des andern gram,
Nur mich zu martern sich die Hände reicht,
Der Tag mit Müh, die Nacht mit Seelengram;
Daß all mein Mühen nur mich weiter von dir scheucht.
Dem Tag zu kosen sag' ich, du bist klar,
Du zierst ihn, wenn am Himmel Wolken dunkeln:
Dann schmeichl' ich auch der Nacht im Rabenhaar,
Daß du den Abend stirnst, wenn keine Sterne funkeln.

Doch täglich länger spinnt der Tag mein Leid;
Allnächtlich enger schnürt die Nacht mein Folterkleid.

Sonnet 29

When in disgrace with fortune and men's eyes,
I all alone beweep my outcast state,
And trouble deaf heaven with my bootless cries,
And look upon myself, and curse my fate,
Wishing me like to one more rich in hope,
Featur'd like him, like him with friends possess'd,
Desiring this man's art, and that man's scope,
With what I most enjoy contented least;
Yet in these thoughts myself almost despising,
Haply I think on thee; — and then my state,
Like to the lark at break of day arising
From sullen earth, sings hymns at heaven's gate;

For thy sweet love remember'd, such wealth brings,
That then I scorn to change my state with kings.

Sonett 29

Wenn ich, vom Glück verschmäht und Menschenblicken,

Mein ausgestoßnes Dasein still bewein',

Und, mich betrachtend, fluche den Geschicken,

Daß taub der Himmel bleibt bei meinem Schrei'n,

Und wünsch', ich wär' an Hoffnungen so reich

Wie mancher, so befreundet, so geboren,

In Kunst, in Freiheit dem und jenem gleich,

Am mindsten froh bei dem, was ich erkoren:

Doch – denk' in solchem Selbstverachtungstraum

Von ungefähr ich deiner, jauchzt mein Leben

Wie Lerchen, die vom dumpfen Erdenraum

Frühjubelnd sich zum Himmelstore heben.

So macht Erinnrung an dein Lieben reich,

Daß ich's nicht hingäb' um ein Königreich.

Sonnet 30

When to the sessions of sweet silent thought
I summon up remembrance of things past,
I sigh the lack of many a thing I sought,
And with old woes new wail my dear time's waste:
Then can I drown an eye, unus'd to flow,
For precious friends hid in death's dateless night,
And weep afresh love's long-since cancell'd woe,
And moan the expense of many a vanish'd sight.
Then can I grieve at grievances fore-gone,
And heavily from woe to woe tell o'er
The sad account of fore-bemoaned moan,
Which I new pay as if not paid before.

But if the while I think on thee, dear friend,
All losses are restor'd, and sorrows end.

Sonett 30

Wenn ich in schweigender Gedanken Rat
Erinnrung des Vergangnen traulich lade,
Beseufzend was entflohn mir nie mehr naht,
Neu klagend alte Weh'n versunkner Lebenspfade:
Dann netz' ich wohl versiechte Augenlider
Um teure Freund' in Todesnacht gehüllt;
Es weinen, längst erstickt, der Liebe Schmerzen wieder,
Der Gram um manch dahingeschwunden Bild.
Dann kann ich leiden um vergangnes Leid,
Die trübe Summe vorbeklagter Klagen
Von Weh zu Weh ziehn mit Betrübsamkeit,
Sie zahlend wie noch niemals abgetragen.

Doch, teurer Freund! gedenk' ich dein dabei,
Ersetzt ist alles, und ich atme frei.

Sonnet 31

Thy bosom is endeared with all hearts,
Which I by lacking have supposed dead;
And there reigns love and all love's loving parts,
And all those friends which I thought buried.
How many a holy and obsequious tear
Hath dear religious love stolen from mine eye,
As interest of the dead, which now appear
But things remov'd, that hidden in thee lie!
Thou art the grave where buried love doth live,
Hung with the trophies of my lovers gone,
Who all their parts of me to thee did give;
That due of many now is thine alone:

Their images I lov'd I view in thee,
And thou (all they) hast all the all of me.

Sonett 31

Die Herzen aller, die ich für begraben,

Weil sie mir fehlten, hielt, bereichern deine Brust.

Da wohnen Lieb' und alle Liebesgaben,

Und jeder Freund, den ich mir tot gewußt.

Wie manche heilige fromme Träne lernte

Mein Aug' aus treu andächt'ger Liebe weinen

Zum Zoll den Toten, die nun wie entfernte,

In dir verborgne Wesen mir erscheinen!

Lebend'ger Liebe Grab bist du erbaut,

Prangst mit Trophäen meiner toten Lieben,

Die all' ihr Teil an mir dir anvertraut:

Der vielen Gut, dir ist's allein verblieben.

Die einst geliebten Bilder zeigst du mir,

Und du, ihr Inbegriff, mein alles eignet dir.

Sonnet 32

If thou survive my well-contented day,
When that churl Death my bones with dust shall cover,
And shalt by fortune once more re-survey
These poor rude lines of thy deceased lover,
Compare them with the bettering of the time;
And though they be outstripp'd by every pen,
Reserve them for my love, not for their rhyme,
Exceeded by the height of happier men.
O then vouchsafe me but this loving thought:
'Had my friend's muse grown with this growing age,
A dearer birth than this his love had brought,
To march in ranks of better equipage:

But since he died, and poets better prove,
Theirs for their style I'll read, his for his love.'

Sonett 32

Wenn, überlebend meiner Tage Ziel,
Nachdem schon dies Gebein ein Raub des alten Feindes,
Durch Zufall noch einmal dir in die Augen fiel
Dies arme rohe Blatt des hingeschiednen Freundes;
Vergleich' es mit der Zeiten Besserung,
Und wenn auch aller Federn es besiegen,
Bewahr' es mir zu lieb, nicht um des Reimes Schwung,
Den glücklichere Geister überfliegen.
Dann denke liebend nur von mir: „O wäre
Des Freundes Mus' in reif'rer Zeit erblüht,
Wohl eine köstlichere Frucht gebäre
Mir seine Lieb' und stolzer kläng sein Lied:

Doch da er starb und Dichter höher gehn,
Will ich an ihnen Kunst, an ihm nur Liebe sehn."

Sonnet 33

*Full many a glorious morning have I seen
Flatter the mountain-tops with sovereign eye,
Kissing with golden face the meadows green,
Gilding pale streams with heavenly alchymy;
Anon permit the basest clouds to ride
With ugly rack on his celestial face,
And from the forlorn world his visage hide,
Stealing unseen to west with this disgrace:
Even so my sun one early morn did shine,
With all triumphant splendour on my brow;
But out! alack! he was but one hour mine,
The region cloud hath wask'd him from me now.*

*Yet him for this my love no whit disdaineth;
Suns of the world may stain, when heaven's sun staineth*

Sonett 33

Wie manchen stolzen Morgen sah ich schon
Mit Herrscherblick der Berge Häupter grüßen:
Sein goldnes Antlitz küßt den bleichen Strom,
Mit Himmelsalchimie vergoldet er die Wiesen.
Und bald darauf, wenn feiger Nebel schwillt,
Wie läßt er trüben seine Götterwange,
Entzieht sein Haupt dem trauernden Gefild
Und eilt mit Schmach, verhüllt zum Untergange.
So fiel von meinere Sonn' auch nur ein früher Schein
Mit allem Siegesglanz mir auf die Brauen:
Doch ach! er war nur eine Stunde mein;
Nun birgt mir ihn der Heimatnebel Grauen.

Doch meine Liebe drum irrt's ewig nicht:
Was Himmelssonnen bleicht, trübt wohl ein Erdenlicht.

Sonnet 34

*Why didst thou promise such a beauteous day,
And make me travel forth without my cloak,
To let base clouds o'ertake me in my way,
Hiding thy bravery in their rotten smoke?
'Tis not enough that through the cloud thou break,
To dry the rain on my storm-beaten face,
For no man well of such a salve can speak
That heals the wound, and cures not the disgrace:
Nor can thy shame give physic to my grief;
Though thou repent, yet I have still the loss:
The offender's sorrow lends but weak relief
To him that bears the strong offence's cross.*

*Ah, but those tears are pearl which thy love sheds,
And they are rich, and ransom all ill deeds.*

Sonett 34

Warum verhießest du so heitern Tag,
Und ließest ohne Mantel mich verreisen,
Daß unterwegs mich trifft der Wolken Schmach,
Die deine Pracht mit faulem Dunst umkreisen?
Nicht ist's genug, daß du den Regen mir
Durch Wolken brechend hauchst von sturmgepeitschten Wangen;
Denn niemand dankt wohl für den Balsam dir,
Der Wunden heilt und nicht des Unglimpfs Bangen:
Noch kann dein Schämen meinen Gram zerstreun.
Wie leid dir sei, mein bleibt doch der Verlust.
Nur schwachen Trost gewährt des Schädigers Bereu'n
Dem, der des Schadens Dorn trägt in der Brust.

Doch ach! die Träne, die dein Auge netzt,
Wie reiche Perl' ist's nicht, die allen Fehl ersetzt!

Sonnet 35

No more be griev'd at that which thou hast done:
Roses have thorns, and silver fountains mud;
Clouds and eclipses stain both moon and sun,
And loathsome canker lives in sweetest bud.
All men make faults, and even I in this,
Authorizing thy trespass with compare,
Myself corrupting, salving thy amiss,
Excusing thy sins more than thy sins are.
For to thy sensual fault I bring in sense,
(Thy adverse party is thy advocate)
And 'gainst myself a lawful plea commence:
Such civil war is in my love and hate,

That I an accessary needs must be
To that sweet thief, which sourly robs from me.

Sonett 35

Sei nicht mehr bang um das, was du getan.
Die Ros' ist dornig, Schlamm trübt silberhelle Quellen,
Wolk' und Verfinst'rung, Sonn' und Mondenbahn,
Die schönsten Knospen darf ein ekler Wurm entstellen.
Wir fehlen all', und eben hierin ich,
Daß ich mit Gleichnis nähre dein Vergehn,
Den Fehl beschönend, selbst bestechend mich,
Mehr Sünd' entschuld'gend als du je versehn.
Denn deiner Sinnenschuld dien' ich mit Sinn;
Dein Gegner wird dein Anwalt, ich bestreite
Rechtskräftig meines Rechtes Eigensinn.
So spornen Lieb' und Haß zum Bürgerkrieg mich beide,

Daß ich muß Hehler sein dem lieben Haupt
Des holden Diebes, der mich schlimm beraubt.

Sonnet 36

Let me confess that we two must be twain,
Although our undivided loves are one:
So shall those blots that do with me remain,
Without thy help, by me be borne alone.
In our two loves there is but one respect,
Though in our lives a separable spite,
Which though it alter not love's sole effect,
Yet doth it steal sweet hours from love's delight.
I may not evermore acknowledge thee,
Lest my bewailed guilt should do thee shame;
Nor thou with public kindness honour me,
Unless thou take that honour from thy name:

But do not so; I love thee in such sort,
As thou being mine, mine is thy good report.

Sonett 36

Gesteh' ich's nur: gesondert bleiben wir,
Wie auch unteilbar unsre Herzen schlagen.
So kann ich ohne Hülfe dann von dir
Die Flecken meines eignen Wesens tragen.
In unsern Herzen ist nur ein Gefühl,
In unsern Leben zwistiger Verdruß:
Zwar irrt er nicht der Liebe reines Ziel,
Doch süße Stunden raubt er dem Genuß.
Nicht überall darf ich mich zu dir kehren,
Wo mein beweint Vergehn dir Schmach zu bringen schien;
Noch du mit öffentlicher Gunst mich ehren,
Willst du nicht deinem Namen Ehr' entziehn.

Doch, tu' es nicht! Ich halte so dich wert,
Daß, wie du selbst, mein auch dein Ruf gehört.

Sonnet 37

As a decrepit father takes delight
To see his active child do deeds of youth,
So I, made lame by Fortune's dearest spite,
Take all my comfort of thy worth and truth;
For whether beauty, birth, or wealth, or wit,
Or any of these all, or all, or more,
Intitled in thy parts do crowned sit,
I make my love ingrafted to this store:
So then I am not lame, poor, nor despised,
Whilst that this shadow doth such substance give,
That I in thy abundance am sufficed,
And by a part of all thy glory live.

Look what is best, that best I wish in thee;
This wish I have; then ten times happy me!

Sonett 37

Wie ein verlebter Vater freudevoll
Sich labt an seines Sohnes Jugendklarheit,
Erblüht auch mir, durch Glückes ärgsten Groll
Gelähmten, all mein Trost aus deines Wertes Wahrheit.

Denn, ob Geburt, Witz, Schönheit, Reichtum nun,
Gesondert oder alle, ja noch mehr,
In deiner Gaben Flor gekrönet ruh'n,
Pfropf' ich mein Lieben auf dies Tugendheer.

So bin ich denn nicht lahm, arm noch verstoßen,
Wenn so der Schatten mir zum Wesen sich verkehrt;
Wenn, deines Überflusses Mitgenossen
Mich schon ein Teil von deinen Gütern nährt.

Sieh! Was es Bestes gibt, wünsch' ich in dir.
Mir ward's gewährt: wohl dann, zehnmal wohl mir!

Sonnet 38

How can my muse want subject to invent,
While thou dost breathe, that pour'st into my verse
Thine own sweet argument, too excellent
For every vulgar paper to rehearse?
O, give thy self the thanks, if aught in me
Worthy perusal stand against thy sight;
For who's so dumb that cannot write to thee,
When thou thyself dost give invention light?
Be thou the tenth muse, ten times more in worth
Than those old nine, which rhymers invocate;
And he that colls on thee, let him bring forth
Eternal numbers to outlive long date.

If my slight muse do please these curious days,
The pain be mine, but thine shall be the praise.

Sonett 38

Wie könnt' es meiner Mus' an Stoff gebrechen
Solang du atmest, der du mein Gedicht
Durchströmst mit deines Wesens holden Bächen,
Das jeden niedern Kiel hoch überfliegt?
O danke du dir selbst, wenn lesenswert
In deinen Augen etwas scheint an mir.
Wer wär' so stumm, den du nicht Schrift gelehrt?
Leiht nicht Erfindung selbst ihr Licht von dir?
Sei du die zehnte Muse, zehnmal reicher
Als jene alten neun, zu denen Reimer flehn;
Und wer dich anruft, ew'ge Lieder zeug' er,
Die aller Zeit Verwüstung überstehn!

Behagt mein leichter Sang der feinen Zeit,
Sei mein die Müh, dein die Zufriedenheit.

Sonnet 39

O how thy worth with manners may I sing,
When thou art all the better part of me?
What can mine own praise to mine own self bring?
And what is't but mine own, when I praise thee?
Even for this let us divided live,
And our dear love lose name of single one,
That by this separation I may give
That due to thee, which thou deserv'st alone.
O absence, what a torment would'st thou prove,
Were it not thy sour leisure gave sweet leave
To entertain the time with thoughts of love,
Which time and thought so sweetly doth deceive,

And that thou teachest how to make one twain,
By praising him here, who doth hence remain.

Sonett 39

Wie mag ich sittsam denn von deinem Werte singen,

Wenn du der beßre Teil nur bist von mir?

Was kann mein Selbstlob mir für Ehre bringen?

Und ist's nicht Selbstlob, was ich lob' an dir?

Laß eben darum und gesondert leben,

Laß zwei für eine treue Liebe sein;

So kann ich dir in dieser Trennung geben,

Was dir dem einzigen gebührt allein.

Entfernung, quälende! wie wärst du trübe,

Wär' nicht der süße Trost in deiner sauern Frist:

Daß uns die Zeit entflieht in Sorgen zarter Liebe,

Die Zeit und Sorgen anmutvoll versüßt,

Und lehrtest du nicht zwei aus einem werden,

Daß der Verlaßne preise den Entbehrten.

Sonnet 40

Take all my loves, my love, yea, take them all;
What hast thou then more than thou hadst before?
No love, my love, that thou may'st true love call;
All mine was thine, before thou hadst this more.
Then if for my love thou my love receivest,
I cannot blame thee, for my love thou usest;
But yet be blam'd, if thou thyself deceivest
By wilful taste of what thyself refusest.
I do forgive thy robbery, gentle thief,
Although thou steal thee all my poverty;
And yet, love knows, it is a greater grief
To bear love's wrong, than hate's known injury.

Lascivious grace, in whom all ill well shows,
Kill me with spites; yet we must not be foes.

Sonett 40

Nimm meine Lieben alle, mein Gespiele:
Welch neues Eigentum erwirbst du dran?
Nicht Liebe, die als Liebchen dir gefiele;
Denn meine ganze war vorlängst dir untertan.
Nimmst du für meine Liebe nun mein Lieb,
Kann ich's nicht schelten. Nutze meine Liebe!
Doch schelt' ich's, wenn dein launenhafter Trieb
Selbsttrüglich kostete, was dir zuwider bliebe.
Verziehn soll, süßer Dieb, dein Raub dir sein.
Zwar stahlst du meiner Armut letztes Gut;
Und, Liebe weiß es! Liebestyrannei'n
Sind schmerzlicher als Hasses offne Wut. –

Mutwillige Anmut, reizend noch im Schlimmen!
Kränke mich tot, du kannst mich nicht verstimmen.

Sonnet 41

Those pretty wrongs that liberty commits,
When I am sometime absent from thy heart;
Thy beauty and thy years full well befits,
For still temptation follows where thou art.
Gentle thou art, and therefore to be won,
Beauteous thou art, therefore to be assailed;
And when a woman woos, what woman's son
Will sourly leave her till she have prevailed?
Ah me! but yet thou mightst my seat forbear,
And chide thy beauty and thy straying youth,
Who lead thee in their riot even there
Where thou art forced to break a twofold truth;

Hers, by thy beauty tempting her to thee,
Thine, by thy beauty being false to me.

Sonett 41

Die art'gen Sünden, die dein froher Mut
Zuweilen, mein vergessend, wohl begeht,
Stehn deiner Schönheit, deinen Jahren gut,
Weil, wo du gehst, Versuchung mit dir geht.
Du magst gewonnen werden; bist gelind;
Zum Angriff reizest du; denn du bist schön:
Und wenn ein Weib wirbt, welches Weibes Kind
Ließ mürrisch ungewährt sie weitergehn?
Ach mir! und doch, Kind, möchtest du beizeiten
Die Schönheit zügeln und der Jugend Lust,
Die dich in ihrem Taumel noch verleiten,
Daß du zwiefält'ge Treue brechen mußt:

Die ihre, denn du reizest sie zu dir;
Die deine, denn dein Reiz macht dich zum Dieb an mir.

Sonnet 42

That thou hast her, it is not all my grief,
And yet it may be said I lov'd her dearly;
That she hath thee, is of my wailing chief,
A loss in love that touches me more nearly.
Loving offenders, thus I will excuse ye:
Thou dost love her, because thou know'st I love her;
And for my sake even so doth she abuse me,
Suffering my friend for my sake to approve her.
If I lose thee, my loss is my love's gain,
And losing her, my friend hath found that loss;
Both find each other, and I lose both twain,
And both for my sake lay on me this cross:

But here's the joy; my friend and I are one;
Sweet flattery! then she loves but me alone.

Sonett 42

Daß du sie hast, ist nicht mein ganzer Schmerz;
Und habe doch fürwahr sie treu geliebt.
Daß sie dich hat, ist meines Kummers Herz,
Ein Liebesraub, der tiefer mich betrübt.
Euch Liebessünder will ich so verteid'gen:
Du liebst sie, weil du weißt, daß sie mir wert;
Und so auch sie muß mich um meinethalb beleid'gen,
Erhörend meinen Freund, der meinethalb sie ehrt.
Verlier' ich dich, mein Liebchen nimmt die Beute;
Verlier' ich sie, gleich findet sie mein Freund:
Sie beide finden sich, und ich verliere beide,
Zu meiner Qual um meinethalb vereint.

Doch, Glück! Sind wir nicht eins, er mein, ich sein?
Holdsel'ger Traum! dann liebt sie mich allein.

Sonnet 43

When most I wink, then do mine eyes best see,
For all the day they view things unrespected:
But when I sleep, in dreams they look an thee,
And darkly bright, are bright in dark directed;
Then thou whose shadow shadows doth make bright,
How would thy shadow's form form happy show
To the clear day with thy much clearer light,
When to unseeing eyes thy shade shines so?
How would (I say) mine eyes be blessed made
By looking on thee in the living day,
When in dead night thy fair imperfect shade
Through heavy sleep on sightless eyes doth stay?

All days are nights to see, till I see thee,
And nights, bright days, when dreams do show thee me

Sonett 43

Am besten dient mein Auge blinzelnd mir;
Denn unbeachtet geht der Tag an ihm vorüber:
Allein im Schlaf, im Traume sieht's nach dir
Aus Nacht in Helligkeit, nachthell hinüber.

Du, dessen Schatten nun die Schatten so erhellt,
Wie wird am Tag erst deines Schattens Wesen
Mit seinem höchsten Licht erfreun die Welt,
Wenn blinde Augen schon am Schatten so genesen!

Wie selig, sag' ich, wär' mein Auge nun,
Hätt' ich am heitern Tag erst dich gewahrt,
Wenn öde Nacht den Augen, wie sie ruhn,
Dein schönes bleiches Trugbild offenbart.

Mir scheint Nacht jeder Tag, getrennt von dir,
Und Nächte hell wie Tag, zeigst du im Traum dich mir.

Sonnet 44

If the dull substance of my flesh were thought,
Injurious distance should not stop my way;
For then, despite of space, I would be brought
From limits far remote, where thou dost stay.
No matter then, although my foot did stand
Upon the farthest earth remov'd from thee,
For nimble thought can jump both sea and land,
As soon as think the place where he would be.
But ah! thought kills me, that I am not thought,
To leap large lengths of miles when thou art gone,
But that, so much of earth and water wrought,
I must attend time's leisure with my moan;

Receiving nought by elements so slow
But heavy tears, badges of either's woe:

Sonett 44

Wär' meines Fleisches zäher Stoff Gedanke,
Dann hielt mich neidische Entfernung nicht;
Denn allem Raum zum Trotz entflöh' ich jeder Schranke,
Die mich verbannt aus deinem Angesicht.

Dann gält mir gleich, ob auch am fernsten Strande
Mein Fuß stünd, weit von dir; denn unumschränkt
Springt der Gedanke über Meer und Lande
So schnell als er den Ort, wohin er fliehn will, denkt.

Doch ach! Tod ist dies Denken: nicht Gedanke
Zu sein, um Welten weit dir nachzufliehn;
Und daß ich so am Gram der lahmen Zeiten kranke,
Wenn Erd' und Wasser mich zu Boden ziehn,

Die trägen Elemente, die mich nur
Mit Tränen nähren, ihres Jammers Spur.

Sonnet 45

The other two, slight air and purging fire,
Are both with thee, wherever I abide;
The first my thought, the other my desire,
These present-absent with swift motion slide.
For when these quicker elements are gone
In tender embassy of love to thee,
My life being made of four, with two alone,
Sinks down to death, oppress'd with melancholy;
Until life's composition be recured
By those swift messengers return'd from thee,
Who even but now come back again, assured
Of thy fair health, recounting it to me:

This told, I joy; but then no longer glad,
I send them back again, and straight grow sad.

Sonett 45

Die andern, lose Luft und läuternd Feuer, hangen,
Wo ich auch sein mag, immerfort an dir;
Luft, mein Gedanke; Feuer, mein Verlangen,
Im schnellsten Flug sind sie bald dort, bald hier.
Wenn sie, die leichtern Elemente, eben
Mit zarter Liebesbotschaft zu dir ziehn,
Sinkt mein aus vieren gleichgeschaffnes Leben
Mit zween allein in Todesschwermut hin:
Bis sich die Lebensstoffe neu vereinen,
Mit jener raschen Boten Wiederkehr,
Die eben jetzt von dir zurück erscheinen,
Von deinem Wohlsein bringend sichre Mähr.

Entzückt vernehm' ich's, aber froh nicht lang,
Send' ich sie gleich zurück, und bin gleich wieder bang.

Sonnet 46

Mine eye and heart are at a mortal war,
How to divide the conquest of thy sight;
Mine eye my heart thy picture's sight would bar,
My heart mine eye the freedom of that right.
My heart doth plead, that thou in him dost lie,
(A closet never pierc'd with crystal eyes,)
But the defendant doth that plea deny,
And says in him thy fair appearance lies.
To 'cide this title is impannelled
A quest of thoughts, all tenants to the heart;
And by their verdict is determined
The clear eye's moiety, and the dear heart's part:

As thus; mine eye's due is thine outward part,
And my heart's right thine inward love of heart.

Sonett 46

Mein Herz und Aug' entbrennen zwiegespalten
Um deines Anblicks Beute zum Gefecht.
Das Auge will dein Bild dem Herzen vorenthalten,
Dem Auge wehrt das Herz dies freigeborne Recht.
Das Herz gibt vor, du wohnst in ihm, dem Schrein,
Den kein kristallnes Auge noch gespalten:
Dagegen sagt der Widersacher, nein,
Dein schönes Gleichnis sei in ihm enthalten.
Ihr Recht zu prüfen wird ein Rat ernennt,
Gedanken, die dem Herzen untertan:
Und siehe, deren Richterspruch erkennt
Zu gleichen Hälften für befugt sie an:

Daß dein auswendig Teil den Augen bliebe,
Wenn sich das Herz erfreut der innern Herzensliebe.

Sonnet 47

Betwixt mine eye and heart a league is took,
And each doth good turns now unto the other:
When that mine eye is famished for a look,
Or heart in love with sighs himself doth smother,
With my love's picture then my eye doth feast,
And to the painted banquet bids my heart:
Another time mine eye is my heart's guest,
And in his thoughts of love doth share a part:
So, either by thy picture or my love,
Thyself away art present still with me;
For thou not farther than my thoughts canst move,
And I am still with them, and they with thee;

Or if they sleep, thy picture in my sight
Awakes my heart to heart's and eye's delight.

Sonett 47

Bündner sind Aug' und Herz nun: jedes achtet

Das andre treuer Liebesdienste wert:

Denn wenn das Aug' um einen Blick verschmachtet,

Das Herz in Liebesseufzern sich verzehrt:

Dann labt das Auge mit gemalter Kost

Das Herz, einladend auf des Freundes Bild:

Und wieder wird das Herz des Auges Wirt und Trost,

Wenn es ihm einen Teil von seiner Lieb' enthüllt.

Und so erhält dein Bild, wie meine Liebe,

Auch wenn du fern bist, ewig nah dich mir;

Denn weiter kannst du nicht als meine Triebe.

Und ich bin stets mit ihnen, sie mit dir.

Auch wenn sie schliefen, gleich erwacht die Brust

Vor deinem Bild zu Aug- und Herzenslust.

Sonnet 48

How careful was I when I took my way
Each trifle under truest bars to thrust,
That, to my use, it might unused stay
From hands of falsehood, in sure wards of trust!
But thou, to whom my jewels trifles are,
Most worthy comfort, now my greatest grief,
Thou, best of dearest, and mine only care,
Art left the prey of every vulgar thief.
Thee have I not lock'd up in any chest,
Save where thou art not, though I feel thou art,
Within the gentle closure of my breast,
From whence at pleasure thou may'st come and part;

An even thence thou wilt be stolen I fear,
For truth proves thievish for a prize so dear.

Sonett 48

Wie sorgsam barg ich jeden kleinen Tand,
Als ich auf Reisen ging, in Kofferwände,
Damit ich unberührt von falscher Hand
Zu eignem Zweck ihn sicher wiederfände!

Und du, dem Tand nur meine Perlen sind,
Mein teurer Trost, und nun mein größter Gram auf Erden,
Du einzig höchstes Gut, das meine Seele minnt,
Kannst jedes schnöden Diebes Beute werden!

Dich schließt kein Koffer mir noch Kasten ein,
Als der, wo du nicht bist – und doch fühl' ich dich drinnen –
Hier in der Brust, dem trauten Kämmerlein,
Wo du, nach freier Lust, kannst kommen und entrinnen:

Und da noch, fürcht' ich, stiehlt man mir mein Lieb;
Denn um so teuern Preis wird Treue selbst zum Dieb.

Sonnet 49

Against that time, if ever that time come,
When I shall see thee frown on my defects,
Whenas thy love hath cast his utmost sum,
Call'd to that audit by advis'd respects;
Against that time, when thou shalt strangely pass,
And scarcely greet me with that sun, thine eye,
When love, converted from the thing it was,
Shall reasons find of settled gravity;
Against that time do I insconce me here
Within the knowledge of mine own desert,
And this my hand against myself uprear,
To guard the lawful reasons on thy part;

To leave poor me thou hast the strength of laws,
Since, why to love, I can allege no cause.

Sonett 49

Für jene Zeit, käm' je die Zeit heran,
Da ich dich finster säh' auf meine Mängel schmollen;
Wenn deine Lieb' ihr höchst Gebot getan,
Rücksichtlich klug bedacht die Rechnung abzuzollen:
Für jene Zeit, wenn fremd an mir dahin
Du wandeln wirst, dein Sonnenauge kaum
Noch hergewandt, entflohn der Liebe Sinn,
Gemeßne Förmlichkeit an ihrem Raum:
Für jene Zeit will ich geduldiglich
Hier aufs Bewußtsein meines Werts mich stützen;
Ja, diese Hand erheb' ich wider mich,
Dein klares Recht an deinem Teil zu schützen.

Nach des Gesetzes Kraft kannst du mich Armen fliehn;
Daß ich dich lieben darf, ist mir kein Grund verliehn.

Sonnet 50

How heavy do I journey on the way,
When what I seek, my weary travel's end,
Doth teach that ease and that repose to say,
'Thus far the miles are measur'd from thy friend!'
The beast that bears me, tired with my woe,
Plods, dully on, to bear that weight in me,
As if by some instinct the wretch did know
His rider lov'd not speed, being made from thee.
The bloody spur cannot provoke him on
That sometimes anger thrusts into his hide,
Which heavily he answers with a groan,
More sharp to me than spurring to his side:

For that same groan doth put this in my mind,
My grief lies onward, and my joy behind.

Sonett 50

Wie bang mein Weg mir däucht, wenn selbst der Lohn,

Die Ruh und Rast am Reiseziel des Müden

Mir zuruft: so viel lange Meilen schon

Bist du von ihm, von deinem Freund geschieden!

Das Lasttier, das mich trägt, der Mitgeplagte

Von meinem Gram; trabt schwer und trägt die Last in mir,

Als wenn ein dunkler Trieb dem Armen sagte:

Sein Reiter liebt nicht Eil, die ihn entführt von dir.

Ihn können blut'ge Sporen nicht beschwören,

Die Unlust dann und wann ihm in die Seite schlägt;

Ein banges Stöhnen nur läßt er zur Antwort hören,

Das tiefer mich, als ihn der Sporn bewegt.

Denn bei dem Stöhnen muß ich nur empfinden:

Mein Schmerz liegt vor mir, meine Freude hinten.

Sonnet 51

*Thus can my love excuse the slow offence
Of my dull bearer, when from thee I speed:
From where thou art why should I haste me thence?
Till I return, of posting is no need.
O, what excuse will my poor beast then find,
When swift extremity can seem but slow?
Then should I spur, though mounted on the wind;
In winged speed no motion shall I know:
Then can no horse with my desire keep pace;
Therefore Desire (of perfect love being made)
Shall neigh, no dull flesh, in his fiery race;
But love, for love, thus shall excuse my jade;*

*Since from thee going he went wilful slow,
Towards thee I'll run, and give him leave to go.*

Sonett 51

So kann ich meines Trägers trägen Mut
Liebreich entschuld'gen, trägt er mich von dir:
Wo du bist wegzueilen tut nicht gut;
Was soll die Eil als bei der Rückkehr mir?
Oh, wie wird dann mein Tier Entschuld'gung finden,
Wenn schnellste Schnelligkeit nur scheint Verzug?
Dann müßt' ich spornen, säß' ich auf den Winden;
Bewegungslos schien mir des Fittigs Flug:
Dann hält kein Roß mit meiner Sehnsucht Schritt;
Und Sehnsucht, die vollkommner Lieb' entsproß,
Nicht träges Fleisch, wieh'rt feueratmend mit,
Und Lieb' um Lieb' entschuldigt so mein Roß:

Weil ich's von dir hinweg freiwillig zögern sehn,
Will ich zu dir nun laufen, es mag gehn.

Sonnet 52

So am I as the rich, whose blessed key
Can bring him to his sweet up-locked treasure,
The which he will not every hour survey,
For blunting the fine point of seldom pleasure.
Therefore are feasts so solemn and so rare,
Since seldom coming, in the long year set,
Like stones of worth they thinly placed are,
Or captain jewels in the carconet.
So is the time that keeps you, as my chest,
Or as the wardrobe which the robe doth hide,
To make some special instant special blest,
By new unfolding his imprison'd pride.

Blessed are you, whose worthiness gives scope,
Being had, to triumph, being lack'd, to hope.

Sonett 52

So bin ich wie der Reiche, der sich still
Am Schlüssel labt zu heimlichem Besitze,
Den er nicht alle Stunden zählen will,
Um nicht zu stumpfen seltnen Reizes Spitze.
Daher der Feste Würd' und Herrlichkeit,
Weil sie nur sparsam in des Jahres Reigen,
Wie größ're Edelstein' im Halsgeschmeid,
Wie reinste Perlen dünngesät sich zeigen.
So ist die Zeit, die dich mir birgt, der Schrein
Und Kasten, der ein gut Gewand verwahrt,
Für einen Ehrentag erlesner Schmuck zu sein,
Wenn es verborgnen Glanz von neuem offenbart.

Heil dir und deinem Wert! denn du beseelst
Zum Jubel, wo du bist; zum Hoffen, wo du fehlst.

Sonnet 53

*What is your substance, whereof are you made,
That millions of strange shadows on you tend?
Since every one hath, every one, one shade,
And you, but one, can every shadow lend.
Describe Adonis, and the counterfeit
Is poorly imitated after you;
On Helen's cheek all art of beauty set,
And you in Grecian tires are painted new:
Speak of the spring, and foizon of the year;
The one doth shadow of your beauty show,
The other as your bounty doth appear,
And you in every blessed shape we know.*

*In all external grace you have some part,
But you like none, none you, for constant heart.*

Sonett 53

Was ist dein Stoff? Woraus bestehest du,
Daß Scharen fremder Schatten dich umschweben?
Gehört doch nur ein Schatten jedem zu:
Du einzelner kannst jeden Schatten geben.
Beschreibt Adonis, und das Konterfei
Gleicht dürftig dir: haucht auf Helenens Wangen
Den ganzen Zauberschmelz der Malerei,
Und neu wirst du im Schmuck der Griechin prangen.
Rühmt Frühling oder Jahres Überfluß,
Sie sind die Schatten deiner Schönheit bald,
Bald deines Reichtums fröhlicher Erguß:
Dich kennen wir in jeder Wohlgestalt.

Ein Teil ist dein von jeder äußern Zier,
An Treu nur gleichst du keinem, keiner dir.

Sonnet 54

O how much more doth beauty beauteous seem,
By that sweet ornament which truth doth give!
The rose looks fair, but fairer we it deem
For that sweet odour which doth in it live.
The canker-blooms have full as deep a dye,
As the perfumed tincture of the roses,
Hang on such thorns, and play as wantonly
When summer's breath their masked buds discloses:
But, for their virtue only is their show,
They live unwoo'd, and unrespected fade;
Die to themselves. Sweet roses do not so;
Of their sweet deaths are sweetest odours made:

And so of you, beauteous and lovely youth,
When that shall vade, my verse distils your truth.

Sonett 54

O wie ist Schönheit zwiefach schön und hehr,
Wenn sie der Wahrheit goldner Schmuck erhebt!
Die Ros' ist lieblich, aber lieblicher
Macht sie der Wohlgeruch, der in ihr lebt.
Die Hagebutten sind so zart gemalt,
Wie duft'ger Rosen hohe Purpurglut,
Bedornt wie sie; am West entfaltet prahlt
Ihr Knösplein mit demselben Übermut.
Doch, weil ihr Wert nur Schein ist, leben sie
Unangesehn, verwelken unempfunden
Zu stillem Tode; süße Rosen nie:
Aus ihrem süßen Tod wird süß'rer Duft entbunden.

So auch aus dir, du Schöner, Lieber! zieht
Aus dir die Wahrheit, wenn du welkst, mein Lied.

Sonnet 55

Not marble, nor the gilded monument
Of princes, shall outlive this powerful rhyme;
But you shall shine more bright in these contents
Than unswept stone, besmear'd with sluttish time.
When wasteful war shall statues overturn,
And broils root out the work of masonry,
Nor Mars his sword nor war's quick fire shall burn
The living record of your memory.
'Gainst death and all oblivious enmity
Shall you pace forth; your praise shall still find room,
Even in the eyes of all posterity
That wear this world out to the ending doom.

So till the judgment that yourself arise,
You live in this, and dwell in lovers' eyes.

Sonett 55

Nicht Marmor, nicht das Gold an Königssäulen
Kann überdauern dieses Reimes Macht:
Denn heller strahlst du einst in meinen Zeilen,
Als grauer Stein, den Zeit unkenntlich macht.
Wenn Mauerwerke wilder Rotten Wut,
Standbilder Krieg verderblich wird zerstören,
Soll weder Ares Schwert, noch Krieges hurt'ge Glut
Dein lebendes Gedächtnismal versehren.
Durch Tod, durch neidische Vergessenheit
Dringst du hindurch; dein Ruhm wankt ewig nicht,
Selbst in den Augen aller Folgezeit,
Die diese Welt abnutzt bis zum Gericht.

So, bis du selbst erstehest, lebst du denn
Hier, und in Augen deiner Liebenden.

Sonnet 56

Sweet love, renew thy force; be it not said,
Thy edge should blunter be than appetite,
Which but to-day by feeding is allay'd,
To-morrow sharpen'd in his former might:
So, love, be thou; although to-day thou fill
Thy hungry eyes, even till they wink with fulness,
To-morrow see again, and do not kill
The spirit of love with a perpetual dulness.
Let this sad int'rim like the ocean be
Which parts the shore, where two contracted-new
Come daily to the banks, that, when they see
Return of love, more blest may be the view;

Or call it winter, which, being full of care.
Makes summer's welcome thrice more wish'd, more ra

Sonett 56

Erneu', o Liebe, deine Macht! Man schilt
Dich stumpfer sonst, als Hungers Leidenschaft,
Die heute zwar mit Speise wird gestillt,
Doch morgen wiederkehrt in alter Kraft.
So mußt du, Liebe, sein! und hätt' auch dies Gericht
Des Sehns zum Sinken dir dein hungrig Auge heut
Erfüllt, sich morgen wieder! töte nicht
Der Liebe Geist in steter Schläfrigkeit.
Die trübe Zwischenzeit sei wie ein Meer,
Das Ufer sondert, wo zwei Neuverbundne
Sich täglich sehn, der Liebe Wiederkehr
Zu feiern, zwiefach froh um die gefundne.

Ja, nenne Winter sie, des bange Nacht
Des Sommers Gruß dreimal ersehnter macht.

Sonnet 57

Being your slave, what should I do but tend
Upon the hours and times of your desire?
I have no precious time at all to spend,
Nor services to do, till you require.
Nor dare I chide the world-without-end hour,
Whilst I, my sovereign, watch the clock for you,
Nor think the bitterness of absence sour,
When you have bid your servant once adieu;
Nor dare I question with my jealous thought
Where you may be, or your affairs suppose,
But, like a sad slave, stay and think of nought,
Save, where you are how happy you make those:

So true a fool is love, that in your Will
(Though you do anything) he thinks no ill.

Sonett 57

Dein Sklave, der ich bin, wie wär' ich freier,

Als wenn ich Stund' und Zeit wahrnehme, die du liebst?

Sonst acht' ich keinen Dienst und keine Stunde teuer,

Als wenn du etwas mir zu dienen gibst:

Noch wag' ich, Stund' auf Stund' am Seiger nach dir zählend,

Mein Fürst, die endlos lange Zeit zu schmähn;

Der Trennung Bitterkeiten mir verhehlend,

Wenn scheidend dich dein Knecht nur einmal grüßen sehn:

Noch grübl' ich eifersüchtig nach der Spur,

Wohin du gehst, was deine Absicht ist;

Still harrend sinnt der arme Diener nur,

Wie glücklich die sein werden, wo du bist.

Ein so gutherz'ger Narr ist Liebe; sei

Auch was es sei dein Tun, er hat kein Arg dabei.

Sonnet 58

That God forbid, that made me first your slave,
I should in thought control your times of pleasure,
Or at your hand th' account of hours to crave,
Being your vassal, bound to stay your leisure!
O, let me suffer (being at your beck)
Th' imprison'd absence of your liberty,
And patience, tame to sufferance, bide each check
Without accusing you of injury.
Be where you list; your charter is so strong,
That you yourself may privilege your time:
Do what you will, to you it doth belong
yourself to pardon of self-doing crime.

I am to wait, though waiting so be hell;
Not blame your pleasure, be it ill or well.

Sonett 58

Verhüt' es Gott, der mich zum Knecht dir ordnete,

Daß ich im Herzen schmollt' um deine frohen Stunden,

Daß ich von dir Zeitrechnung forderte,

Der ich als dein Vasall an deine Zeit gebunden.

O laß mich, deines Winks gewärtig, leiden;

In deiner Freiheit Kerkerferne sich

Gelaßne Langmut leidenszahm bescheiden!

Kein Murren, kein Verschulden fall' auf dich.

Sei wo du willst, dein Freibrief ist so groß,

Du kannst die Stunden dir zum voraus wählen.

Tu', was du immer magst, dir ward das Los,

Von selbstbegangner Schuld dich frei zu zählen.

Mir ziemt zu harren, wär' im Harren Qual

Der Höll; ob gut ob bös, nie schelt' ich deine Wahl.

Sonnet 59

*If there be nothing new, but that which is
Hath been before, how are our brains beguil'd,
Which, labouring for invention, bear amiss
The second burthen of a former child!
O, that record could with a backward look,
Even of five hundred courses of the sun,
Show me your image in some antique book,
Since mind at first in character was done!
That I might see what the old world could say
To this composed wonder of your frame;
Whether we are mended, or whe'r better they,
Or whether revolution be the same.*

*O! sure I am, the wits of former days
To subjects worse have given admiring praise.*

Sonett 59

Wenn neu nichts ist, wenn nur Vergangnes bringend

Die Gegenwart sich um uns her bewegt;

Wie schwindelt unser Hirn, das, nach Erfindung ringend,

Uralter Kinder Bürden wieder trägt!

O könnte nur Geschicht' auf einen Flug

Fünfhundert Sonnenbahnen rückwärts, zeigen

Dein Konterfei in einem alten Buch,

So weit zurück nur Geistes-Chiffern reichen!

Damit ich sähe, was die alte Zeit

Von deiner Bildung Wunderwerke dächte,

Ob damals Schön're waren, oder heut;

Ob gleicher Umschwung Gleiches wiederbrächte.

Oh, sicher weiß ich dies, daß Witzlingslob

In jener Zeit Gering're hoch erhob.

Sonnet 60

Like an the waves make towards the pebbled shore,
So do our minutes hasten to their end;
Each changing place with that which goes before,
In sequent toil all forwards do contend.
Nativity, once in the main of light,
Crawls to maturity, wherewith being crown'd,
Crooked eclipses 'gainst his glory fight,
And Time, that gave, doth now his gift confound.
Time doth transfix the flourish set on youth,
And delves the parallels in beauty's brow;
Feeds on the rarities of nature's truth,
And nothing stands but for his scythe to mow.

And yet, to times in hope, my verse shall stand,
Praising thy worth, despite his cruel hand.

Sonett 60

Wie Wellen an des Ufers Kieseln bersten,
So eilen unsre Stunden an ihr Ziel:
Die folgende tritt an den Platz der ersten;
Vor, immer vorwärts drängt sie das Gewühl.
Geburt, einmal zu Tag entlassen, kriecht
Der Reife zu; damit gekrönt, umschweben
Gekrümmte Finsternisse schon ihr Licht,
Und Zeit verwüstet selbst, was sie gegeben.
Zeit unterwühlet Jugendflores Spur,
Gräbt in der Schönheit Stirnen tiefe Zeilen,
Nährt sich von allem Seltnen der Natur;
Nichts stehet, das nicht fiel vor ihren Pfeilen.

Und dennoch dauert, deinem Ruhm geweiht,
Mein Lied trotz ihrer Wut, durch alle Zeit.

Sonnet 61

Is it thy will, thy image should keep open
My heavy eyelids to the weary night?
Dost thou desire my slumbers should be broken,
While shadows, like to thee, do mock my sight?
Is it thy spirit that thou send'st from thee
So far from home, into my deeds to pry;
To find out shames and idle hours in me,
The scope and tenor of thy jealousy?
O no! thy love, though much, is not so great:
It is my love that keeps mine eye awake;
Mine own true love that doth my rest defeat,
To play the watchman ever for thy sake:

For thee watch I, whilst thou dost wake elsewhere
From me far off, with others all too near.

Sonett 61

Ist es dein Wille, daß in öden Nächten
Dein Bild mein müdes Auge wach erhält?
Begehrest du den Schlummer mir zu brechen
Mit einem Schatten, der wie du sich stellt?
Ist es dein Geist, den du als Spürer meiner Werke
So weit vom Hause sendest unbefugt,
Daß er auf meine Scham und eiteln Stunden merke,
Zum Ziel und Zunder deiner Eifersucht?
O nein! so feurig liebst du nicht, wie brav
Auch immer. Meine Liebe heißt mich wachen;
Mein eignes treues Herz raubt mir den Schlaf,
Um dich den Wächter immerfort zu machen.

Weit von dir lieg' ich wachend um dich da:
Du wachst woanders, andern viel zu nah.

Sonnet 62

*Sin of self-love possesseth all mine eye,
And all my soul, and all my every part;
And for this sin there is no remedy,
It is so grounded inward in my heart.
Methinks no face so gracious is as mine,
No shape so true, no truth of such account,
And for myself mine own worth do define,
As I all other in all worths surmount.
But when my glass shows me myself indeed,
Beated and chopp'd with tann'd antiquity,
Mine own self-love quite contrary I read,
Self so self-loving were iniquity.*

*'Tis thee (myself) that for myself I praise,
Painting my age with beauty of thy days.*

Sonett 62

In Aug' und Seel' und allen meinen Teilen
Bin ich der Eigenliebe mir bewußt;
Und diese Sünd' in mir ist nicht zu heilen,
So wurzelt sie in meiner tiefsten Brust.
So reizend scheint mir kein Gesicht, so fein
Kein Wuchs wie meiner, keine Treu so echt:
Und schätz' ich mein Verdienst für mich allein,
Als wär' kein andres neben mir gerecht.
Doch wenn mich dann mein Spiegel selbst mir weist,
Von fahler Zeit zerrüttet und verbogen,
Dann les' ich erst was Eigenliebe heißt;
Denn nur ein Tor blieb so sich selbst gewogen.

Du bist's, mein Selbst, das mich als Ich entzückt,
Mit deinem Jugendreiz mein Alter schmückt!

Sonnet 63

Against my love shall be, as I am now,
With Time's injurious hand crush'd and o'erworn;
When hours have drain'd his blood, and fill'd his brow
With lines and wrinkles; when his youthful morn
Hath travell'd on to age's steepy night;
And all those beauties, whereof now he's king,
Are vanishing or vanish'd out of sight,
Stealing away the treasure of his spring;
For such a time do I now fortify
Against confounding age's cruel knife,
That he shall never cut from memory
My sweet love's beauty, though my lover's life.

His beauty shall in these black lines be seen,
And they shall live, and he in them still green.

Sonett 63

Wenn einst mein Lieb wie ich jetzt, welk, gebeugt
Von rauher Zeiten Hand wird sein, verborgen
In Runzeln seiner Stirne Glanz, vertreucht
Durch Stundenflucht sein Blut, sein Jugendmorgen
Zu Alters Dämmernächten hingeflohn,
Und alle Reize, die ihn jetzt umlauben,
Verschwindend oder längst verschwunden schon,
Der Schätze seines Frühlings uns berauben:
Auf solche Zeit gerüstet schütz' ich mich
Vor Alters Mordstahl und Vertilgersünde,
Daß, wenn des Lieblings Leben auch verblich,
Nicht seiner Schönheit Angedenken schwinde:

In diesen schwarzen Zeilen lebt sein Licht;
Er grünt in ihnen, denn sie sterben nicht.

Sonnet 64

When I have seen by Time's fell hand defac'd
The rich-proud cost of outworn buried age;
When sometime lofty towers I see down-rased,
And brass eternal, slave to mortal rage;
When I have seen the hungry ocean gain
Advantage on the kingdom of the shore,
And the firm soil win of the wat'ry main,
Increasing store with loss, and loss with store;
When I have seen such interchange of state,
Or state itself confounded to decay;
Ruin hath taught me thus to ruminate –
That Time will come and take my love away.

This thought is as a death, which cannot choose
But weep to have that which it fears to lose.

Sonett 64

Sah ich der Alten stolze Wunderpracht
Durch Wütrichshand der Zeit gestürzt verwittern,
Der Erde hohe Türme gleichgemacht,
Unsterblich Erz vor Menschenwut erzittern:
Sah ich die gierige See am Königreich
Der Meeresküsten überflutend zehren,
Die Feste dann, an Wasserschätzen reich,
Fülle mit Raub, und Raub mit Fülle mehren:
Wenn ich dies Wandelleben übersah,
Ja Leben selbst zum Untergang getrieben,
Kam unter Trümmern mir dies Grübeln nah:
Einst kommt auch Zeit und fordert deinen Lieben. –

Solch ein Gedank' ist wie ein Tod; er treibt
Zum Weinen, daß du hast, was dir nicht bleibt.

Sonnet 65

Since brass, nor stone, nor earth, nor boundless sea,
But sad mortality o'ersways their power,
How with this rage shall beauty hold a plea,
Whose action is no stronger than a flower?
O, how shall summer's honey breath hold out
Against the wrackful siege of battering days,
When rocks impregnable are not so stout,
Nor gates of steel so strong, but Time decays?
O fearful meditation! where, alack!
Shall Time's best jewel from Time's chest lie hid?
Or what strong hand can hold his swift foot back?
Or who his spoil of beauty can forbid?

O, none, unless this miracle have might,
That in black ink my love may still shine bright.

Sonett 65

Wenn Erz, Stein, Erde, weite Meeresflut
Der trüben Sterblichkeit Gewalten weicht;
Wie mäße Schönheit sich mit solcher Wut,
Sie, deren Kraft der Blume Kräften gleicht?
Oh, wie soll Sommers honigsüßer Flor
Verwüsterischer Jahre Sturm bestehn,
Wenn weder Urgebirg noch Eisentor
So mächtig sind, dem Wandel zu entgehn?
Furchtbare Vorstellung! Wo soll vorm Sarge
Der Zeit ihr best Juwel gesichert sein?
Wer hält am schnellen Fuß zurück die arge?
Wer steuert ihren Schönheitsräuberei'n?

Oh, niemand: wird dies Wunder nicht gewährt,
Daß dunkle Tinte hell den Freund verklärt.

Sonnet 66

Tir'd with all these, for restful death I cry, –
As, to behold desert a beggar born,
And needy nothing trimm'd in jollity,
And purest faith unhappily forsworn,
And gilded honour shamefully misplaced,
And maiden virtue rudely strumpeted,
And right perfection wrongfully disgraced,
And strength by limping sway disabled,
And art made tongue-tied by authority,
And folly (doctor-like) controlling skill,
And simple truth miscall'd simplicity,
And captive Good attending Captain Ill:

Tir'd with all these, from these would I be gone,
Save that, to die, I leave my love alone.

Sonett 66

Müde von alle diesem wünsch' ich Tod:
Verdienst zum Bettler sehn geboren werden,
Und hohle Dürftigkeit in Grün und Rot,
Und wie sich reinste Treu entfärbt auf Erden,
Und goldnen Ehrenschmuck auf Knechteshaupt,
Und jungfräuliche Tugend frech geschändet,
Und Hoheit ihres Herrschertums beraubt,
Und Kraft an lahmes Regiment verschwendet,
Und Kunst im Zungenbande der Gewalt,
Und Schulenunsinn, der Vernunft entgeistert,
Und schlichte Wahrheit, die man Einfalt schalt,
Und wie vom Bösen Gutes wird gemeistert:

Müde von alle dem, wär' Tod mir süß;
Nur, daß ich sterbend den Geliebten ließ!

Sonnet 67

*Ah, wherefore with infection should he live,
And with his presence grace impiety,
That sin by him advantage should achieve,
And lace itself with his society?
Why should false painting imitate his cheek,
And steal dead seeming of his living hue?
Why should poor beauty indirectly seek
Roses of shadow, since his rose is true?
Why should he live now Nature bankrupt is,
Beggar'd of blood to blush through lively veins?
For she hath no exchequer now but his,
And, proud of many, lives upon his gains.*

*O, him she stores, to show what wealth she had,
In days long since, before these last so bad.*

Sonett 67

Ach, warum muß er mit Verdorbnen leben,
Daß Sündern seine Gegenwart gedeiht,
Ruchlose freventlich sich überheben,
Verlarvt in seines Umgangs Lieblichkeit!
Warum soll Farbentrug nachahmen seine Wangen?
Was stiehlt man toten Schein von seinem Lebensrot?
Wird arme Schönheit schlau mit Schattenrosen prangen,
Wo seiner echten Rosen Purpur droht?
Nun lebt er! Da Natur am Bettelstab, verdorrt,
Nicht mehr erröten kann mit frischer Adern Blute:
Denn in ihm spart sie ihren letzten Hort,
Nährt sich, auf viele stolz, nur noch von seinem Gute. –

Ja, ihn begabend, zeigt sie wie erlesen,
Wie reich in beßrer Zeit, lang vor uns sie gewesen.

Sonnet 68

Thus is his cheek the map of days outworn,
When beauty liv'd and died as flowers do now,
Before these bastard signs of fair were borne,
Or durst inhabit on a living brow;
Before the golden tresses of the dead,
The right of sepulchres, were shorn away,
To live a second life on second head;
Ere beauty's dead fleece made another gay.
In him those holy antique hours are seen,
Without all ornament, itself, and true,
Making no summer of another's green,
Robbing no old to dress his beauty new;

And him as for a map doth Nature store,
To show false Art what beauty was of yore.

Sonett 68

So ist sein Angesicht die Karte voriger Zeiten,
Da Schönheit, wie jetzt Blumen, lebt' und starb;
Eh' man um jene Heuchelaußenseiten
Für Stirnen Lebender sich noch bewarb:
Eh' man der Toten goldne Locken stahl,
Das Eigentum der Gräber zu beleben
Auf einem zweiten Haupt zum zweiten Mal,
Eh' toter Reiz sein Fließ zu andrer Putz gegeben.
Er zeigt der alten heiligen Tage Bild,
Der lautern, zieratlosen, ungemischten,
Die nicht in welker Sommer Grün gehüllt,
Mit altem Raub die Schönheit neu erfrischten:

Und ihn als reiche Kart' entwarf Natur,
Dem Schein zu zeigen erster Schönheit Spur.

Sonnet 69

*T**hose parts of thee that the world's eye doth view,*
Want nothing that the thought of hearts can mend:
All tongues (the voice of souls) give thee that due,
Uttering bare truth, even so as foes commend.
Thy outward thus with outward praise is crown'd;
But those same tongues that give thee so thine own,
In other accents do this praise confound,
By seeing farther than the eye hath shown.
They look into the beauty of thy mind.
And that, in guess, they measure by thy deeds;
Then (churls) their thoughts, although their eyes were kin
To thy fair flower add the rank smell of weeds:

But why thy odour matcheth not thy show,
The solve is this, – that thou dost common grow.

Sonett 69

Nichts fehlt den äußern Gaben, die dem Licht
Du zeigst, das Menschenwitz verbessern könnte;
Wie aller Mund, durch den die Seele spricht,
Ja selbst dein Feind dies wahre Lob dir gönnte.

So wird für äußern Reiz dir äußrer Lohn;
Doch eben jener Mund, der, was dein eigen
Dir gab, zerstört dies Lob aus anderm Ton,
Und spüret weiter als die Augen reichen.

In deiner Seele Schönheit tauchen sie;
Die mißt Vermutung ab nach deinen Taten:
Kargmütig, augengütig hauchen sie
Auf deinen Blumenflor des Unkrauts geilen Schwaden.

Doch daß dein Duft nicht gleicht dem Augenschein,
Daran ist schuld: du machst dich selbst gemein.

Sonnet 70

That thou art blam'd shall not be thy defect,
For slander's mark was ever yet the fair;
The ornament of beauty is suspect,
A crow that flies in heaven's sweetest air.
So thou be good, slander doth but approve
Thy worth the greater, being woo'd of time:
For canker vice the sweetest buds doth love,
And thou present'st a pure unstained prime.
Thou hast pass'd by the ambush of young days,
Either not assail'd, or victor being charg'd;
Yet this thy praise cannot be so thy praise,
To tie up envy, evermore enlarg'd:

If some suspect of ill mask'd not thy show,
Then thou alone kingdoms of hearts should'st owe.

Sonett 70

Daß du geschmäht wirst, nicht verübl' ich's dir;
Denn stets war Anmut der Verleumdung Ziel.
Verdacht und Argwohn sind des Schönen Zier,
Im Himmelblau ein schwarzes Krähenspiel.

Wenn gut du bist, bewährt Verleumdung deine Güte
Nur desto reiner, weil dich Welt umkost:
Denn Lasters Wurm liebt sich die schönste Blüte,
Und dein Lenz zeigt sich rein und fleckenlos.

Durch Jugendhinterhalte bist du dicht,
Bald unberührt, bald siegreich durchgedrungen;
Und dennoch fesselt dieser Ruhm dir nicht
Die ewig losgelaßnen bösen Zungen.

Du einzig müßtest, ohne schlimmen Schein,
Von Herzenskönigreichen Meister sein.

Sonnet 71

No longer mourn for me when I am dead
Than you shall hear the surly sullen bell
Give warning to the world that I am fled
From this vile world, with vilest worms to dwell:
Nay, if you read this line, remember not
The hand that writ it; for I love you so,
That I in your sweet thoughts would be forgot,
If thinking on me then should make you woe.
O if (I say) you look upon this verse,
When I perhaps compounded am with clay,
Do not so much as my poor name rehearse;
But let your love eyen with my life decay:

Lest the wise world should look into your moan,
And mock you with me after I am gone.

Sonett 71

Wenn ich gestorben, traure länger nicht
Als dumpfer Grabeglocken Trauerton
Der Welt von meinem Scheiden gibt Bericht,
Und daß zu armen Würmern ich entflohn.
Ja, liesest du dies Wort, vergiß die Hand,
Die's niederschrieb; denn so sehr lieb' ich dich,
Daß ich mich gern aus deinem Sinn verbannt',
Empfändest du im Denken Leid um mich.
O kommt dir, ruf' ich, dieser Vers ins Haus,
Lange vielleicht nach meines Leibs Vermodern,
Sprich meinen armen Namen selbst nicht aus,
Laß mit dem Leben Liebe gleich verlodern:

Sonst prüft die kluge Welt der Tränen Sinn,
Und höhnt dich um mich, wenn ich nicht mehr bin.

Sonnet 72

O, lest the world should task you to recite
What merit lived in me, that you should love
After my death, – dear love, forget me quite,
For you in me can nothing worthy prove;
Unless you would devise some virtuous lie,
To do more for me than mine own desert,
And hang more praise upon deceased I
Than niggard truth would willingly impart;
O, lest your true love may seem false in this,
That you for love speak well of me untrue,
My name be buried where my body is,
And live no more to shame nor me nor you.

For I am sham'd by that which I bring forth,
And so should you, to love things nothing worth.

Sonett 72

Oh, daß die Welt dir nicht mit Fragen droht,
Welch ein Verdienst du in mir lieben können,
Vergiß mich, Lieber, ganz nach meinem Tod;
Denn nichts Vollkommnes kannst du an mir nennen:
Es wäre denn, daß fromme Lügen du
Erfändest, mehr als mein Verdienst ertrüge;
Mit Kränzen schmücktest meine Totentruh,
Die karge Wahrheit gern herunterschlüge.
Oh, daß nicht falsch dein wahres Lieben nun,
Wenn du nun Liebe lögest, wird erfunden,
Laß bei dem Leibe meinen Namen ruhn!
Uns beiden zum Gewinn sei er verschwunden.

Denn meine Früchte, sie beschämen mich;
Und so wär' Tand zu lieben, Schmach für dich.

Sonnet 73

That time of year thou may'st in me behold
When yellow leaves, or none, or few, do hang
Upon those boughs which shake against the cold,
Bare ruin'd choirs, where late the sweet birds sang.
In me thou see'st the twilight of such day,
As after sunset fadeth in the west,
Which by-and-by black night doth take away,
Death's second self, that seals up all in rest.
In me thou see'st the glowing of such fire,
That on the ashes of his youth doth lie,
As the death-bed whereon it must expire,
Consum'd with that which it was nourish'd by.

This thou perceiv'st, which makes thy love more strong
To love that well which thou must leave ere long:

Sonett 73

Die Zeit des Jahres kannst du an mir sehn,
Wenn, kaum mit wenig gelbem Laub behangen,
Die Zweige zittern in der Fröste Wehn,
Verfallnen Chören gleich, wo einst die Vögel sangen.
Ein solches Dämmerlicht stell' ich dir vor,
Wie, wenn die Sonne sank, im Westen bleichet;
Allmählich hüllt's die Nacht in trüben Flor,
In Todes Schein, der alles Leben scheuchet.
Du siehst in mir des Feuers Überdruß,
Das auf der Asche seiner Jugend liegt
Wie auf dem Todbett, wo es sterben muß,
Und an dem Stoff, der es ernährt, versiecht.

Du siehst es ein, und deine Lieb' umfaßt
Noch feuriger, was du nicht lang mehr hast.

Sonnet 74

But be contented: when that fell arrest
Without all bail shall carry me away,
My life hath in this line some interest,
Which for memorial still with thee shall stay.
When thou reviewest this, thou dost review
The very part was consecrate to thee.
The earth can have but earth, which is his due;
My spirit is thine, the better part of me:
So then thou hast but lost the dregs of life,
The prey of worms, my body being dead;
The coward conquest of a wretch's knife,
Too base of thee to be remembered.

The worth of that, is that which it contains,
And that is this, and this with thee remains.

Sonett 74

Doch, fürchte nicht! Wenn jenes Schergen Wut,
Der keinen Bürgen duldet, mich vertreibt,
Lebt etwas fort von meiner Lebensglut
In dieser Schrift, das dir zum Denkmal bleibt.
Wenn du sie liesest, findest du darin
Den Teil, das eben was sich widmet dir.
Denn Erd' ist irden, geht zur Erde hin:
Mein Geist ist dein, der beßre Teil von mir.
So nur des Lebens Schutt verlierst du, bloßes
Wurmeigentum mit dieses Leichnams Spur;
Das Feiglingsopfer eines Mörderstoßes,
Zu niedrig, daß du sein gedächtest nur.

Der Wert von dem ist das, was es enthält;
Und das ist dies, und dies bleibt dir gesellt.

Sonnet 75

So are you to my thoughts, as food to life,
Or as sweet-season'd showers are to the ground;
And for the peace of you I hold such strife
As 'twixt a miser and his wealth is found:
Now proud as an enjoyer, and anon
Doubting the filching age will steal his treasure;
Now counting best to be with you alone,
Then better'd that the world may see my pleasure:
Sometime, all full with feasting on your sight,
And by-and-by clean starved for a look;
Possessing or pursuing no delight,
Save what is had or must from you be took.

Thus do I pine and surfeit day by day
Or gluttoning on all, or all away.

Sonett 75

Was Brot dem Leben, was lauwarmer Regen
Dem Erdreich ist, das bist du meinem Geist:
Und solches Kämpfen führ' ich deines Friedens wegen,
Wie zwischen Geizigen und ihrem Gut sich weist.

Bald jubl' ich im Genuß, bald muß ich sorgen,
Ob nicht ein Dieb mein Kleinod mir entrückt:
Bald wär' ich gern allein mit dir geborgen,
Bald wollt' ich, jeder säh' was mich entzückt.

Von deinem Augenschmaus bisweilen vollgefüllt;
Um einen einz'gen Blick dann wieder wie verschmachtet,
Auf keine Lust bedacht, von keinem Glück gestillt,
Das nicht von dir kommt oder zu dir trachtet.

So flutet's Tag um Tag, und so gebricht's:
Ich prass' und darb' im Allen, und im Nichts.

Sonnet 76

Why is my verse so barren of new pride?
So far from variation or quick change?
Why, with the time, do I not glance aside
To new-found methods and to compounds strange?
Why write I still all one, ever the same,
And keep invention in a noted weed,
That every word doth almost tell my name,
Showing their birth, and where they did proceed?
O know, sweet love, I always write of you,
And you and love are still my argument;
So all my best is dressing old words new,
Spending again what is already spent:

For as the sun is daily new and old,
So is my love still telling what is told.

Sonett 76

Warum ist mein Gesang so arm und stumm
An jungem Prunk, an flinken Neuigkeiten?
Was seh' ich mich nicht mit den Zeiten um
Nach neuerfundnen fremden Ohrenweiden?
Was schreib' ich immerfort dieselben Züge,
In dem gewohnten Kleid das alte Lied,
Daß jedes Wort fast meinen Namen trüge,
Und jeder leicht, woher es käm', erriet?
O wisse, süßer Freund! Du bist allein
Mein Lied, und Lieb' und du mein einzig Wort.
So kann ich ewig Altes nur erneu'n,
Und schon Gegebnes geb' ich wieder fort.

Denn, wie die Sonne täglich auf und nieder,
Sagt meine Liebe stets Gesagtes wieder.

Sonnet 77

Thy glass will show thee how thy beauties wear,
Thy dial how thy precious minutes waste;
The vacant leaves thy mind's imprint will bear,
And of this book this learning may'st thou taste.
The wrinkles which thy glass will truly show,
Of mouthed graves will give thee memory;
Thou by thy dial's shady stealth may'st know
Time's thievish progress to eternity.
Look, what thy memory cannot contain,
Commit to these waste blanks, and thou shalt find
Those children nurs'd, deliver'd from thy brain,
To take a new acquaintance of thy mind.

These offices, so oft as thou wilt look,
Shall profit thee, and much enrich thy book.

Sonett 77

Dein Spiegel zeigt dir deiner Schönheit Flucht;
Die Uhr, wie schnell die edeln Stunden schwinden:
Das weiße Blatt hegt deines Geistes Frucht,
Und diese Wissenschaft kann dir dies Buch verkünden.
Die Runzeln, die dein Spiegel wahrhaft zeigt,
Sie werden dich an offne Gräber mahnen:
Und wie des Weisers Schatten vorwärts schleicht,
Läßt er der Zeiten Drang zur Ewigkeit dich ahnen.
Was dein Gedächtnis nun nicht bergen kann,
Wirf es in diese Tafeln, und du findest
Wie du die Kinder, die dein Hirn ersann,
Durch Seelenwiedersehn dir neu verbindest.

Gebrauch es so! Mit jedem Blicke steigert
Sich dein Gewinn, und wird dein Buch bereichert.

Sonnet 78

So oft have I invok'd thee for my Muse,
And found such fair assistance in my verse,
As every alien pen hath got my use,
And under thee their poesy disperse.
Thine eyes, that taught the dumb on high to sing,
And heavy ignorance aloft to fly,
Have added feathers to the learned's wing,
And given grace a double majesty.
Yet be most proud of that which I compile,
Whose influence is thine, and born of thee:
In other's works thou dost but mend the style,
And arts with thy sweet graces graced be;

But thou art all my art, and dost advance
As high as learning my rude ignorance.

Sonett 78

So oft rief ich als meine Muse dich,
So mild behülflich war sie mir zum Singen,
Daß jeder Fremdlingsmund nun tut wie ich,
In deinem Namen aller Reime klingen.
Dein Auge, das den Stummen Jubellieder,
Beschränkter Trägheit Himmelsflug gelehrt,
Gab Dichterflügeln neues Schwunggefieder,
Der Anmut Majestät und Siegeswert.
Doch sei am stolzesten auf meine Blätter!
Die sind dein Einfluß, sind von dir gesät:
An andern machst du nur die Weisen glätter,
Vollendest Künste, die dein Reiz erhöht:

Doch meine ganze Kunst bist du; sie beut
Mir Rohen Schätze der Gelehrsamkeit.

Sonnet 79

Whilst I alone did call upon thy aid,
My verse alone had all thy gentle grace;
But now my gracious numbers are decay'd,
And my sick Muse doth give another place.
I grant, sweet love, thy lovely argument
Deserves the travail of a worthier pen;
Yet what of thee thy poet doth invent,
He robs thee of, and pays it thee again.
He lends thee virtue, and he stole that word
From thy behaviour; beauty doth he give,
And found it in thy cheek; he can afford
No praise to thee but what in thee doth live.

Then thank him not for that which he doth say,
Since what he owes thee thou thyself dost pay.

Sonett 79

Als ich allein um deinen Beistand bat,

War all dein Herz allein mit meinem Dichten:

Nun aber welkt der Lieder holde Saat,

Und scheu vor andern muß die Muse flüchten.

Gesteh' ich's nur: Du, süßer Gegenstand,

Verdienest würdigerer Meister Streben.

Doch, was dein Dichter je von dir erfand,

Nahm er von dir, um dir's zurückzugeben.

Er leiht dir Tugend, und von deinem Wert

Stahl er dies Wort; rühmt deiner Schönheit Prangen,

Das deine Wang' ihm bot: wie er dich ehrt,

So war's in dir lebendig aufgegangen.

Drum dank' ihm nicht für das, was er gemalt.

Was er dir schuldig, hast du selbst bezahlt.

Sonnet 80

O, how I faint when I of you do write,
Knowing a better spirit doth use your name,
And in the praise thereof spends all his might,
To make me tongue-tied, speaking of your fame!
But since your worth (wide as the ocean is),
The humblest as the proudest sail doth bear,
My saucy bark, inferior far to his,
On your broad main doth wilfully appear.
Your shallowest help will hold me up afloat,
Whilst he upon your soundless deep doth ride;
Or, being wreck'd, I am a worthless boat,
He of tall building, and of goodly pride:

Then if he thrive, and I be cast away,
The worst was this; – my love was my decay.

Sonett 80

O wie verzag' ich, wenn ich, von dir dichtend,
Weiß, wie ein beßrer Geist dich hoch erhob,
Auf deinen Ruhm all seine Kräfte richtend,
Daß ich verstummen muß mit meinem Lob.
Doch, weil dein Wert, weit wie der Ozean,
Die ärmsten Segel trägt wie reichste Schiffe,
Wagt sich mein kecker, weit gering'rer Kahn
Mutwillig in die Fluten deiner Tiefe.
Mir macht zur Fahrt dein kleinster Beistand Bahn,
Wenn er auf deiner vollsten Woge ruht:
Und scheitr' ich, bin ich nur ein schlechter Kahn;
Er aber lang gebaut, und bläht sich gut.

Nun, wenn ich sänk', und er geborgen bliebe,
Was läg' daran! – Mein Tod war meine Liebe.

Sonnet 81

*O*r *I shall live your epitaph to make,*
Or you survive when I in earth am rotten;
From hence your memory death cannot take,
Although in me each part will be forgotten.
Your name from hence immortal life shall have,
Though I, once gone, to all the world must die:
The earth can yield me but a cammon grave,
When you entombed in men's eyes shall lie.
Your monument shall be my gentle verse,
Which eyes not yet created shall o'er-read;
And tongues to be, your being shall rehearse,
When all the breathers of this world are dead;

You still shall live (such virtue hath my pen)
Where breath most breathes, – even in the mouths of men.

Sonett 81

Entweder leb' ich, dir die Grabschrift zu ersinnen,

Oder du dauerst noch, wenn Moder mich verzehrt.

Dein Angedenken rafft kein Tod von hinnen,

Wenn auch von mir kein Lebender mehr hört.

Fortan unsterblich wird dein Name leben,

Wenn mich auf ewig Staub der Welt verbarg.

Mir kam die Erd' ein schlechtes Grab nur geben;

Du ruhst in Menschenaugen eingesargt.

Mein Freundesvers wird sein dein Monument,

Daß dich noch ungeborne Augen lesen

Und kommender Geschlechter Mund dich nennt,

Wenn alle Atmer dieser Welt verwesen.

So hält dich da, wo Odem nie versiegt,

Auf Menschenlippen atmend mein Gedicht.

Sonnet 82

*I grant thou wert not married to my Muse,
And therefore may'st without attaint o'erlook
The dedicated words which writers use
Of their fair subject, blessing every book.
Thou art as fair in knowledge as in hue,
Finding thy worth a limit past my praise;
And therefore art enforc'd to seek anew
Some fresher stamp of the time-bettering days.
And do so, love; yet when they have devis'd
What strained touches rhetoric can lend,
Thou truly fair wert truly sympathis'd
In true plain words, by thy true-telling friend;*

*And their gross painting might be better us'd
Where cheeks need blood; in thee it is abus'd.*

Sonett 82

Ich geb' es zu: du meiner Muse nicht
Betrauter, durftest Widmung übersehn,
Wie sie ein Schreiber gern in Bücher flicht,
Des Inhalts Wert gefällig zu erhöhn.
So klug als reizend, bis du dir bewußt,
Wie arm ich lobe deines Sternes Scheinen,
Wie du nach frischern Stempeln suchen mußt
In diesen Tagen, die den Tag verfeinen.
Und tu es, Lieber! Aber wenn sie wild
Auf dich geschüttet ganze Blumenbeete,
Bleibt deiner wahren Schönheit Gegenbild
Doch deines wahren Freundes schlichte Rede.

Ihr grobes Schminken wär', wo Wangenrot
Verschwand, am Ort: es tut bei dir nicht not.

Sonnet 83

I never saw that you did painting need,
And therefore to your fair no painting set;
I found, or thought I found, you did exceed
The barren tender of a poet's debt:
And therefore have I slept in your report,
That you yourself, being extant, well might show
How far a modern quill doth come too short,
Speaking of worth, what worth in you doth grow!
This silence for my sin you did impute,
Which shall be most my glory, being dumb;
For I impair not beauty being mute,
When others would give life, and bring a tomb.

There lives more life in one of your fair eyes
Than both your poets can in praise devise.

Sonett 83

Nie sah ich Farbe dich bedürfen; nie
Färb' ich dein Schönes drum mit Malertinten.
Für ödes Flitterlob der Poesie
Fand, oder glaubt' ich dich zu groß zu finden.
Und darum schildr' ich dich beredsam nicht,
Damit an dir, dem Lebenden, sich zeigt,
Wie weit ein heut'ger Dichter unterliegt,
Wenn er Verdienst malt, das dem deinen gleicht.
Dies Schweigen machtest du zur Sünde mir,
Und doch mein Stolz ist's eben; denn verkleinert
Wird vom Verstummenden kein Reiz an dir,
Wenn mancher, der beleben will, versteinert.

In einem deiner schönen Augen brennt
Mehr Leben als dein Dichterpaar erfänd.

Sonnet 84

Who is it that says most? which can say more
Than this rich praise, that you alone are you?
In whose confine immured is the store
Which should example where your equal grew.
Lean penury within that pen doth dwell,
That to his subject lends not some small glory;
But he that writes of you, if he can tell
That you are you, so dignifies his story.
Let him but copy what in you is writ,
Not making worse what Nature made so clear,
And such a counter-part shall fame his wit,
Making his style admired everywhere.

You to your beauteous blessings add a curse,
Being fond on praise which makes your praises worse

Sonett 84

Und wer das meiste sagt – wer überbietet
Dies reiche Lob: du bist du selbst allein?
In des Bezirk sich aller Wert umfriedet,
Wonach zu messen wer dir gleich soll sein.
Unfruchtbar dürftig wär' fürwahr der Mann,
Dem nicht der kleinste Schmuck für seinen Stoff sich böte:
Doch wer, von dir berichtend, sagen kann,
Daß du du bist, der adelt seine Rede.
Er bilde nach nur, was an dir sich weist,
Entkräfte nicht der Schöpfung schöne Stärke;
Und solch ein Abbild lobt dann seinen Geist,
Daß alle Welt sich beugt vor seinem Werke.

Du fluchst der Schönheit Segen, dir gefällt
Lob, das dein Lobenswertes nur entstellt.

Sonnet 85

My tongue-tied Muse in manners holds her still,
While comments of your praise, richly compil'd,
(Rehearse thy) character with golden quill,
And precious phrase by all the Muses fil'd.
I think good thoughts, while others write good words,
And, like unlettered clerk, still cry 'Amen'
To every hymn that able spirit affords,
In polish'd form of well-refined pen.
Hearing you prais'd, I say, ''Tis so, 'tis true',
And to the most of praise add something more;
But that is in my thought, whose love to you,
Though words come hindmost, holds his rank before.

Then others for the breath of words respect,
Me for my dumb thoughts, speaking in effect.

Sonett 85

Noch immer bleibt die Muse still bescheiden,
Wenn goldne Federn in ein Prunkgewand
Des Ruhmes dich mit stolzen Zügen kleiden,
In Schmuck, gewebt von aller Musen Hand.
Wo andre gute Worte schreiben, denk' ich
Gute Gedanken: wie ein Sakristan,
Zu jedem feinen Sang gewandter Geister schenk' ich
Mein armes ungelehrtes Amen dran.
Hör' ich dich loben, sag' ich: so ist's gut,
Ist wahr! – Zum höchsten Lob muß ich noch etwas schreiben:
Doch tu' ich's in Gedanken, deren Glut
Doch vorgeht, wie das Wort auch mag zurückebleiben.

So ehr' in jenen denn des Odems Pflicht,
Das Wort: in mir den Sinn, der schweigend Wahrheit spricht.

Sonnet 86

Was it the proud full sail of his great verse,
Bound for the prize of all-too-precious you,
That did my ripe thoughts in my brain inhearse,
Making their tomb the womb wherein they grew?
Was it his spirit, by spirits taught to write
Above a mortal pitch, that struck me dead?
No, neither he, nor his compeers by night
Giving him aid, my verse astonished.
He, nor that affable familiar ghost
Which nightly gulls him with intelligence,
As victors, of my silence cannot boast;
I was not sick of any fear from thence.

But when your countenance fil'd up his line,
Then lack'd I matter; that enfeebled mine.

Sonett 86

War es sein großer Vers, mit stolzer Segel Schwinge,
Entbrannt auf deines Selbst viel, viel zu teuern Fang,
Der mir im Hirn begrub wohl überlegte Dinge,
Daß sie ihr Mutterschoß als Grabesschoß verschlang?
War es sein Geist, von Geistern aufgeschlossen
Zu überird'scher Kunst, der mich besiegt?
Nein, weder er, noch seine Nachtgenossen,
Die ihm geholfen, lähmten mein Gedicht.
Nicht er, noch jener Puck, sein flinkes Dienerlein,
Das ihn mit Zeitung nächtlich äfft und füttert,
Sie dürfen stolz auf mein Verstummen sein;
Nicht Furcht von dorther hat mein Herz erschüttert.

Da aber, als dein Beifall aus ihm sprach,
Da fehlt' es mir, da ward mein Odem schwach.

Sonnet 87

Farewell! thou art too dear for my possessing,
And like enough thou know'st thy estimate;
The charter of thy worth gives thee releasing;
My bonds in thee are all determinate.
For how do I hold thee but by thy granting?
And for that riches where is my deserving?
The cause of this fair gift in me is wanting,
And so my patent back again is swerving.
Thyself thou gav'st, thy own worth then not knowing,
Or me, to whom thou gav'st it, else mistaking;
So thy great gift, upon misprision growing,
Comes home again, on better judgment making.

Thus have I had thee, as a dream doth flatter,
In sleep a king, but waking, no such matter.

Sonett 87

Leb wohl! Dich halt' ich nicht; bist mir zu teuer;

Und, fürcht' ich, deines Wertes wohl gedenk.

Der Freibrief deines Selbst wird dein Befreier,

Mein Recht an dich ist allzu eng beschränkt.

Denn wie besäß ich dich als durch dein Geben?

Welch ein Verdienst erwürb mir solche Güter?

Der Grund so holder Gunst fehlt meinem Leben:

Und so kehrt mein Geschenk zum Eigner wieder.

Fremd war dein Wert dir selbst, als du dich brachtest;

Ich, der Beschenkte, wohl zu hoch gemessen;

So fällt die Gabe, die im Wahn du machtest,

Dir wieder heim nach reiferem Ermessen.

So hab' ich dich gehabt nur wie im Fieber,

Im Traum ein König! wachend ist's vorüber.

Sonnet 88

When thou shalt be dispos'd to set me light,
And place my merit in the eye of Scorn,
Upon thy side against myself I'll fight,
And prove thee virtuous, though thou art forsworn.
With mine own weakness being best acquainted,
Upon thy part I can set down a story
Of faults conceal'd, wherein I am attainted;
That thou, in losing me, shalt win much glory!
And I by this will be a gainer too;
For bending all my loving thoughts in thee,
The injuries that to myself I do,
Doing thee vantage, double-vantage me.

Such is my love, to thee I so belong,
That for thy right myself will bear all wrong.

Sonett 88

Wenn dir gefallen wird, mich zu verschmähn,
Dem Hohn und Unglimpf mein Verdienst zu weihn,
Will ich, mich selbst befehdend, zu dir stehn,
Trotz deines Meineids dein Verteid'ger sein.
Am besten kundig meiner eignen Schwächen,
Kann ich von stillen Fehlern, die mich beugen,
Zu deinen Gunsten dir Bericht versprechen;
Daß dir mein Abschied soll zum Ruhm gereichen.
Und mir auch wird's Gewinn sein, der ich dir
Mich liebend ganz gewidmet; denn es frommt
Das Unrecht, das ich selbst verüb' an mir,
Mir zwiefach, wenn es dir zugute kommt.

So lieb' ich dich, so bin ich dein, daß ich
Gern jedes Unrecht für dein Recht ertrüg.

Sonnet 89

Say that thou didst forsake me for some fault,
And I will comment upon that offence:
Speak of my lameness, and I straight will halt;
Against thy reasons making no defence.
Thou canst not, love, disgrace me half so ill,
To set a form upon desired change,
As I'll myself disgrace: knowing thy will,
I will acquaintance strangle, and look strange;
Be absent from thy walks; and in my tongue
Thy sweet beloved name no more shall dwell;
Lest I (too much profane) should do it wrong,
And haply of our old acquaintance tell.

For thee, against myself I'll vow debate,
For I must ne'er love him whom thou dost hate.

Sonett 89

Du flohest mich. Nenn' einen schlimmen Streich,

Warum? und ich beweise meine Sünde.

Sprich, ich sei lahm, und sieh! ich hinke gleich:

Mit keinem Wort bestreit' ich deine Gründe.

Du kannst mir, Herz, nicht halb so kalt begegnen,

Ersehnte Trennung zu beschönigen,

Als ich mir selber, deines Friedens wegen,

Will sein, Bekanntschaft würgen, fremde sehn,

Fern deinen Wegen sein will. – Lippen, schweiget,

Nennt künftig nur den teuern Namen nicht!

Damit der Ungeweihte ihn nicht bleichet,

Wenn er vielleicht von alter Freundschaft spricht.

Für dich hier biet' ich Krieg der eignen Brust;

Denn nimmer lieb' ich, wen du hassen mußt.

Sonnet 90

Then hate me when thou wilt; if ever, now;
Now, while the world is bent my deeds to cross,
Join with the spite of Fortune, make me bow,
And do not drop in for an after-loss:
Ah! do not, when my heart hath scap'd this sorrow,
Come in the rearward of a conquer'd woe;
Give not a windy night a rainy morrow,
To linger out a purpos'd overthrow.
If thou wilt leave me, do not leave me last,
When other petty griefs have done their spite,
But in the onset come; so shall I taste
At first the very worst of Fortune's might;

And other strains of woe, which now seem woe,
Compar'd with loss of thee will not seem so.

Sonett 90

So hasse mich denn, wann du willst; gleich nun,
Jetzt, da die Welt mich kreuzt in meinen Taten:
Hilf dem Verdruß des Glücks mir weh zu tun,
Und triff nicht spät mich mit verspartem Schaden.
Ach komm, wenn ich entronnen diesen Dolchen,
Im Nachtrab schon bezwungner Sorgen nicht!
Laß keinen Regentag auf nächt'ge Stürme folgen,
Daß ich versiech' am vorgemischten Gift.
Willst du mich lassen, laß mich nicht zuletzt,
Wenn schon die andern kleinen Schmerzen schweigen:
Im Anlauf komm! Dann auf einmal versetzt
Das Glück den schärfsten mir von seinen Streichen;

Und Qual, die jetzt wie Qual mir scheint, entweicht,
Zerschmilzt, wenn dein Verlust sich ihr vergleicht.

Sonnet 91

Some glory in their birth, some in their skill,
Some in their wealth, some in their body's force;
Some in their garments, though new-fangled ill;
Some in their hawks and hounds, some in their horse;
And every humour hath his adjunct pleasure,
Wherein it finds a joy above the rest;
But these particulars are not my measure,
All these I better in one general best.
Thy love is better than high birth to me,
Richer than wealth, prouder than garments' cost,
Of more delight than hawks or horses be;
And having thee, of all men's pride I boast.

Wretched in this alone, that thou may'st take
All this away, and me most wretched make.

Sonett 91

Der prahlt mit seinem Adel, der mit Kunst,

Mit Reichtum jener, der mit Leibeskraft;

Mit Kleidern, wie auch Mode sie verhunzt,

Mit Falk' und Hund, mit stolzer Reiterschaft;

Und jeder Laun' ist ihre Lust gegeben,

Worin sie gern vor andern sich behagt.

Ich aber mag nach solchem Ziel nicht streben,

Weil mir ein Höchstes über alle ragt.

Dein Herz ist höher mir als hohes Blut,

Teurer als Gold, Gewänder, edle Steine,

Beglückender als Pferd- und Hundebrut,

Und hab' ich dich, ist aller Stolz der meine.

Unselig darin nur, daß du mir's ganz

Entziehn, und mich höchst elend machen kannst!

Sonnet 92

But do thy worst to steal thyself away,
For term of life thou art assured mine;
And life no longer than thy love will stay,
For it depends upon that love of thine.
Then need I not to fear the worst of wrongs,
When in the least of them my life hath end.
I see a better state to me belongs
Than that which on thy humour doth depend.
Thou canst not vex me with inconstant mind,
Since that my life on thy revolt doth lie.
O, what a happy title do I find,
Happy to have thy love, happy to die!

But what's so blessed-fair that fears no blot? —
Thou may'st be false, and yet I know it not:

Sonett 92

Doch tu dein Ärgstes nur, mir zu entgehn:
Auf Lebenszeit bleibst du mir doch geschenkt.
Und Leben ohne Liebe muß vergehn,
Weil es an dieser deiner Liebe hängt.
Dann fürcht' ich nicht die ärgste Schmach der Erden,
Wenn an der kleinsten schon mein Leben stirbt.
Ich seh', ein beßrer Zustand muß mir werden,
Als den dein Launenwechsel hier verdirbt.
Du kannst mich nicht durch Unbestand verwunden,
Weil dein Verrat mein Leben selbst bedroht.
O welch ein selig Los hab' ich gefunden,
In deiner Liebe fröhlich, froh im Tod!

Und doch – welch süßes Glück wär' ohne Sorgen?
Du könntest falsch sein, und mir blieb's verborgen.

Sonnet 93

*So shall I live, supposing thou art true,
Like a deceived husband; so love's face
May still seem love to me, though alter'd new;
Thy looks with me, thy heart in other place:
For there can live no hatred in thine eye,
Therefore in that I cannot know thy change.
In many's looks the false heart's history
Is writ in moods and frowns and wrinkles strange;
But Heaven in thy creation did decree,
That in thy face sweet love should ever dwell;
Whate'er thy thoughts or thy heart's workings be,
Thy looks should nothing thence but sweetness tell.*

*How like Eve's apple doth thy beauty grow,
If thy sweet virtue answer not thy show!*

Sonett 93

So lebt' ich nur im Wahne deiner Treu,
Wie ein betrogner Gatte; die Gebärde
Nur noch der Liebe Trugbild, die vorbei;
Der Blick bei mir, das Herz auf andrer Fährte.
Denn weil kein Groll sich deinem Auge naht,
Kann ich darin nicht deinen Wandel schaun.
Aus manchem Blick spricht falscher Herzen Rat
Durch Unmut, Ingrimm, Furchen, finstre Brau'n:
Dir aber gab des Himmels Schöpfersegen
Zu ew'ger Liebe Wohnung das Gesicht;
Daß, wie auch Herz und Sinn sich dir bewegen,
Nur Holdes uns von dort entgegenspricht.

Wie Evas Apfel gleich wär' deine Jugend,
Glich deinem Schein nicht deine holde Tugend!

Sonnet 94

They that have power to hurt and will do none,
That do not do the thing they most do show,
Who, moving others, are themselves as stone,
Unmoved, cold, and to temptation slow;
They rightly do inherit heaven's graces,
And husband nature's riches from expense;
They are the lords and owners of their faces,
Others but stewards of their excellence.
The summer's flower is to the summer sweet,
Though to itself it only live and die;
But if that flower with base infection meet,
The basest weed out-braves his dignity;

For sweetest things turn sourest by their deeds;
Lilies that fester smell far worse than weeds.

Sonett 94

Wer, wo er Macht hat, keine Streiche führt,

Was ihm zumeist gegeben scheint, nicht tut;

Selbst felsenhart bleibt, wo er andre rührt,

Starr, unverführbar kühl, von trägem Blut:

Er ist fürwahr der Liebling höchster Geister,

Behütet vor Verschwendung die Natur;

Bleibt seines Angesichtes Herr und Meister,

Die andern seines Pomps Lakaien nur,

Die Sommerblum' erfreut die Sommerwelt,

Und müßt' auch einsam sie für sich verblühn:

Doch wenn die Blum' ein gift'ger Tau befällt,

Wär' ihr das ärmste Unkraut vorzuziehn.

In Sauerstes kehrt Süßestes sein Wesen.

Unkraut riecht lieblicher als Lilien, die verwesen.

Sonnet 95

How sweet and lovely dost thou make the shame
Which, like a canker in the fragrant rose,
Doth spot the beauty of thy budding name!
O, in what sweets dost thou thy sins enclose!
That tongue that tells the story of thy days,
Making lascivious comments on thy sport,
Cannot dispraise but in a kind of praise;
Naming thy name blesses an ill report.
O what a mansion have those vices got,
Which for their habitation chose aut thee!
Where beauty's veil doth cover every blot,
And all things turns to fair, that eyes can see!

Take heed, dear heart, of this large privilege,
The hardest knife ill-used doth lose his edge.

Sonett 95

Wie lieb und hold die Schmach gekleidet ist,
Die, wie ein Wurm in duft'gen Hyazinthen,
Die Knospenschönheit deines Namens frißt!
O welchen Reiz umgibst du deinen Sünden!
Die Zunge, die von deinem Wandel spricht,
Leichtfertig deutend dein Vergnügen tadelt;
Ihr Leumund selbst ist ohne Beifall nicht,
Weil sie dich nennend, böse Sagen adelt.
O welch ein Wohnhaus fiel den Fehlern zu,
Die ihren Aufenthalt in dir sich wählten!
Da schleiert Anmut jeden Makel zu:
Was Augen sehn, es muß für lieblich gelten.

Dies weite Vorrecht fürchte, teures Herz!
Denn Mißbrauch stumpft der schärfsten Messer Erz.

Sonnet 96

Some say, thy fault is youth, some wantonness;
Some say, thy grace is youth and gentle sport;
Both grace and faults are lov'd of more and less:
Thou mak'st faults graces that to thee resort.
As on the finger of a throned queen
The basest jewel will be well esteem'd;
So are those errors that in thee are seen,
To truths translated, and for true things deem'd.
How many lambs might the stern wolf betray,
If like a lamb he could his looks translate!
How many gazers might'st thou lead away,
If thou would'st use the strength of all thy state!

But do not so; I love thee in such sort,
As thou being mine, mine is thy good report.

Sonett 96

Der sagt, dein Fehl ist Jugend, Übermut;
Der rechnet Scherz und Jugend dir zur Zier:
Doch Zier wie Fehler, alle finden's gut;
Fehl wird zu Schmuck, wenn er sich zeigt an dir.
Wie an der Hand gesalbter Königinnen
Des kleinsten Kleinods Wert zu steigen pflegt,
So gilt an dir ein tadelhaft Beginnen
Für recht und wird zu Tugend umgeprägt.
Wie viele Lämmer könnt' ein Wolf verzehren,
Wenn er des Lamms Gebärden sich verschafft:
Wie viele Gaffer könntest du betören,
Gebrauchtest du des ganzen Wesens Kraft!

Doch, tu es nicht! Ich halte so dich wert,
Daß, wie du selbst, mein auch dein Ruf gehört.

Sonnet 97

*How like a winter hath my absence been
From thee, the pleasure of the fleeting year!
What freezings have I felt, what dark days seen!
What old December's bareness everywhere!
And yet this time remov'd was summer's time;
The teeming autumn, big with rich increase,
Bearing the wanton burden of the prime,
Like widowed wombs after their lord's decease:
Yet this abundant issue seem'd to me
But hope of orphans, and unfather'd fruit:
For summer and his pleasures wait on thee,
And, thou away, the very birds are mute;*

*Or, if they sing, 'tis with so dull a cheer,
That leaves look pale, dreading the winter's near.*

Sonett 97

Wie ist von dir, dem Stern des flücht'gen Jahrs,
Die Trennung mir zum öden Winter worden!
Wie schüttelte mich Frost, wie dunkel war's,
Wie dürr dezemberschaurig aller Orten!
Und doch war Sommer diese Trennungszeit,
Fruchtbarer Herbst, der schwellend überfloß,
Beladen mit des Frühlings Üppigkeit,
Wie nach des Gatten Tod der Witwe Schoß.
Doch vaterlose Frucht, Verwaisungszeichen
Sah ich in dieser Segensfülle nur:
Denn dir folgt Sommer und sein Glück; es schweigen
Wo du fehlst, selbst die Vögel auf der Flur.

Und sängen sie, es wär' so bang zu hören,
Daß Blätter, winterscheu, ihr Grün verlören.

Sonnet 98

F*rom you have I been absent in the spring,*
When proud-pied April, dress'd in all his trim,
Hath put a spirit of youth in everything,
That heavy Saturn laugh'd and leap'd with him.
Yet nor the lays of birds, nor the sweet smell
Of different flowers in odour and in hue,
Could make me any summer's story tell,
Or from their proud lap pluck them where they grew
Nor did I wonder at the lilies white,
Nor praise the deep vermilion in the rose;
They were but sweet, but figures of delight,
Drawn after you, you pattern of all those.

Yet seem'd it winter still, and, you away,
As with your shadow I with these did play:

Sonett 98

Im Frühling war ich fern von dir, wenn bunter
April im vollen Schmuck mit Jugenddrang
Auf Erden alles neu erfüllt, daß munter
Saturn, der träge, mit ihm lacht' und sprang.
Doch nicht der Vögel Lieder, nicht der Auen
Vielduft- und farbenreiches Blumenspiel,
Sie konnten mir ein Sommerwort vertrauen:
Ich ließ sie stehn auf ihrem stolzen Stiel.
Kein Wunder war mir mehr der Lilien Weiße,
Der Rose tiefen Purpur pries ich nie;
Für liebliche, nach deinem Muster leise
Entworfne Bilder nur erkannt' ich sie.

Doch immer schien mir's Winter ohne dich:
Nur wie dein Schattenspiel erquickt' es mich.

Sonnet 99

The forward violet thus did I chide: —
Sweet thief, whence didst thou steal thy sweet that smell,
If not from my love's breath? The purple pride
Which on thy soft cheek for complexion dwells,
In my love's veins thou hast too grossly dyed.
The lily I condemned for thy hand,
And buds of marjoram had stolen thy hair:
The roses fearfully on thorns did stand,
One blushing shame, another white despair;
A third, nor red nor white, had stolen of both,
And to his robbery had annex'd thy breath;
But for his theft, in pride of all his growth
A vengeful canker eat him up to death.
More flowers I noted, yet I none could see,
But sweet or colour it had stolen from thee.

Sonett 99

So schalt ich früher Veilchen Übermut:
Wo stahlt ihr süßen Diebe euern Hauch,
Wenn nicht von seinem Mund? Die Purpurglut
Auf euern samtnen Wänglein habt ihr auch
Nur schwach gefärbt in seiner Adern Blut!
Den Lilien warf ich deine Hände vor;
Daß er dein Haar bestahl, dem Majoran.
Furchtsam auf Dornen stand der Rosen Chor,
Teils vor Verzweiflung weiß, teils rot vor Scham:
Und eine, weder rot noch weiß, vermaß
Von beiden sich, und stahl noch deinen Atem:
Allein zur Strafe kam ein Wurm und fraß
Im vollsten Prangen sie für ihre Taten. –
Nicht eine war von aller Blumen Zahl,
Die dir nicht Farben oder Düfte stahl.

Sonnet 100

Where art thou, Muse, that thou forget'st so long
To speak of that which gives thee all thy might?
Spend'st thou thy fury on some worthless song,
Darkening thy power, to lend base subjects light?
Return, forgetful Muse, and straight redeem
In gentle numbers time so idly spent;
Sing to the ear that doth thy lays esteem,
And gives thy pen both skill and argument.
Rise, restive Muse, my love's sweet face survey,
If Time have any wrinkle graven there;
If any, be a satire to decay,
And make Time's spoil despised everywhere.

Give my love fame faster than Time wastes life;
So thou prevent'st his scythe and crooked knife.

Sonett 100

Wo bist du, Muse? Säumest du so lang
Von dem zu reden, was allein dich kräftigt?
Verzückst, verdunkelst dich in schlechtem Sang,
Dem Niedrigen dein Licht zu leihn beschäftigt?
Heran, Vergeßliche! Die unbesorgt
Verlorne Zeit gib wohllautsvoll zurück:
Singe dem Ohr, das deinen Weisen horcht,
Das deiner Feder Stoff gibt und Geschick.
Auf, Träge! Im Gesicht des holden Freundes spüre,
Ob Zeit gegraben eine Furche da:
Und wenn – sei der Vergänglichkeit Satire,
Gib ihre Wut dem Hohn preis, fern und nah.

Verklär' ihn schneller als Zeit Leben mäht,
So kommt ihr Stahl und Sensenhieb zu spät.

Sonnet 101

O truant Muse, what shall be thy amends,
For thy neglect of truth in beauty dy'd?
Both truth and beauty on my love depends;
So dost thou too, and therein dignify'd.
Make answer, Muse: wilt thou not haply say,
'Truth needs no colour, with his colour fix'd;
Beauty no pencil, beauty's truth to lay;
But best is best, if never intermix'd?'
Because he needs no praise, wilt thou be dumb?
Excuse not silence so; for 't lies in thee
To make him much outlive a gilded tomb,
And to be prais'd of ages yet to be.

Then do thy office, Muse; I teach thee how
To make him seem long hence as he shows now.

Sonett 101

Saumsel'ge Muse! wie wirst du dein Schweigen büßen
Vom Wahren, das im Schönen sich verklärt?
Wahrheit und Schönheit sind auf meinen Freund gewiesen;
So bist auch du, und darin ruht dein Wert.
Gib Antwort, Muse! sagst du nicht vielleicht:
„Wahrheit braucht Schmuck nicht, ihre Farb' ist feste;
Schönheit nicht Pinsel, der ihr Wahres zeigt;
Am besten ist ganz unvermischt das Beste?"
So willst du schweigen, weil ihm Lob nicht not?
Entschuld'ge so dich nicht! Du kannst ihn weit
Erheben über goldnes Grab und Tod.
Daß ihm noch rühmt die ungeborne Zeit.

So, Muse, tu dein Amt! Wie wir ihn finden,
Lehr' ich dich späten Enkeln ihn verkünden.

Sonnet 102

My love is strengthen'd, though more weak in seeming;
I love not less, though less the show appear;
That love is merchandis'd, whose rich esteeming
The owner's tongue doth publish everywhere.
Our love was new, and then but in the spring,
When I was wont to greet it with my lays;
As Philomel in summer's front doth sing,
And stops his pipe in growth of riper days:
Not that the summer is less pleasant now
Than when her mournful hymns did hush the night,
But that wild music burthens every bough,
And sweets grown common lose their dear delight.

Therefore, like her, I sometime hold my tongue,
Because I would not dull you with my song.

Sonett 102

Mein Lieben, scheinbar schwächer, ist vermehrt;
Nicht lieb' ich minder, weil sich's mehr verhehlt;
Die Lieb' ist Ware, deren reichen Wert
Des Eigners Zunge aller Welt erzählt.
Im Lenz war unsre Liebe neu; und helle
Hab' ich sie da mit meinem Lied begrüßt,
Wie Philomele singt auf Sommers Schwelle,
Und spätern Tagen ihre Kehle schließt.
Nicht weil mir Sommer minder jetzt gefällt
Als da ihr Festlied noch die Nächte weihte;
Nein, weil Musik itzt wild aus allen Zweigen gellt,
Und am Gewöhnlichen erstarrt die Freude.

Darum, wie sie, bin ich zuweilen still,
Weil ich mit Sang dich nicht betäuben will.

Sonnet 103

*Alack! what poverty my Muse brings forth,
That having such a scope to show her pride,
The argument, all bare, is of more worth
Than when it hath my added praise beside.
O blame me not if I no more can write!
Look in your glass, and there appears a face
That over-goes my blunt invention quite,
Dulling my lines, and doing me disgrace.
Were it not sinful then, striving to mend,
To mar the subject that before was well?
For to no other pass my verses tend,
Than of your graces and your gifts to tell;*

*And more, much more, than in my verse can sit,
Your own glass shows you, when you look in it.*

Sonett 103

Wie arme Blüten, ach! die Muse treibt,
Daß, mit so reichem Stoff mich zu befeuern,
Der Gegenstand, ganz einfach, edler bleibt
Als wenn ihn rühmend meine Lieder feiern!
O schilt nicht, wenn ich mehr nicht schreiben kann!
Sieh in dein Glas, es wird dir Augen zeigen,
Die, meinem blöden Dichten weit voran,
Den Stab ihm brechen und die Farben bleichen.
Wär's dann nicht Sünde, wo man will erheben,
Was gut vorher schon, zu verkleinlichen?
Denn nur nach einem Ziel geht all mein Streben:
Dein Gutes, Schönes zu verkündigen.

Und mehr, weit mehr als je mein Vers verschließt,
Zeigt dir dein Spiegel, wenn du in ihn siehst,

Sonnet 104

To me, fair friend, you never can be old,
For as you were, when first your eye I ey'd,
Such seems your beauty still. Three winters cold
Have from the forest shook three summers' pride;
Three beauteous springs to yellow autumn turn'd,
In process of the seasons have I seen,
Three April perfumes in three hot Junes burn'd,
Since first I saw you fresh which yet are green.
Ah! yet doth beauty, like a dial hand,
Steal from his figure, and no pace perceiv'd;
So your sweet hue, which methinks still doth stand,
Hath motion, and mine eye may be deceived.

For fear of which, hear this, thou age unbred,
Ere you were born, was beauty's summer dead.

Sonett 104

Mir kannst du, Herz, nicht altern; denn so schön,
Wie da zuerst mein Aug' in deines blickte,
Bist du noch heute. Dreier Winter Wehn
Stahl Waldes Schmuck, womit ihn Sommer dreimal schmückte:
Drei holde Lenzen in der Zeiten Lauf
Hab' ich zu falben Herbsten sehn entfliehn;
Dreimal sog Juniglut Aprilenbalsam auf,
Seit ich dich frisch fand, der noch immer grün.
Und doch, ach! Schönheit, wie ein Zeiger, schleicht
Von Zahl zu Zahl mit unbemerktem Tritt.
So hat dein Liebreiz, der zu stehn mir däucht,
Auch wohl Bewegung, die mein Blick nicht sieht?

Dies fürchtend, hört ihr ungezeugten Ohren:
Der Schönheit Sommer starb, eh' ihr geboren!

Sonnet 105

Let not my love be called idolatry,
Nor my beloved as an idol show,
Since all alike my songs and praises be,
To one, of one, still such, and ever so.
Kind is my love to-day, to-morrow kind,
Still constant in a wondrous excellence;
Therefore my verse to constancy confin'd,
One thing expressing, leaves out difference.
Fair, kind, and true, is all my argument,
Fair, kind, and true, varying to other words;
And in this change is my invention spent,
Three themes in one, which wondrous scope afford.

Fair, kind, and true, have often liv'd alone,
Which three, till now, never kept seat in one.

Sonett 105

Nicht Götzendienst nennt meine Liebe! Nimmer
Betrachtet als mein Götzenbild den Freund:
Denn all mein Singen, all mein Loben, immer
Von einem, nur auf einen ist's gemeint.
Gut ist mein Liebling heut, ist morgen gut;
Ein seltnes Wunder treuer Freundespflicht;
Und so, erfüllt von immer gleichem Mut,
Bedarf nicht der Verändrung mein Gedicht.
Schön, gut, und wahr ist all mein Gegenstand;
Schön, gut, und wahr, verändert nur nach Namen;
In einem drei: welch weites Wunderland!
In ihrem Wechsel aller Dichtung Samen.

Schön, gut, und wahr; sie lebten oft zerstreut:
In einem nimmer, bis auf unsre Zeit.

Sonnet 106

When in the chronicle of wasted time
I see descriptions of the fairest wights,
Anm beauty making beautiful old rhyme,
In praise of ladies dead, and lovely knights,
Then in the blazon of sweet beauty's best,
Of hand, of foot, of lip, of eye, of brow.
I see their antique pen would have express'd
Even such a beauty as you master now.
So all their praises are but prophecies
Of this our time, all you prefiguring;
And, for they look'd but with divining eyes,
They had not still enough your worth to sing:

For we, which now behold these present days,
Have eyes to wonder, but lack tongues to praise.

Sonett 106

Wenn ich in Chroniken versunkner Zeit
Der schönsten Helden Konterfei erblickt,
Wo Schönheit mit des Reimes Ehrenkleid
Entseelte Fraun, holdsel'ge Ritter schmückt:
Dann sah ich wie in reinster Schönheit Golde
Ihr alter Kiel Hand, Augen, Mund und Brau'n
Mit eben solchen Reizen schildern wollte,
Wie wir an dir in unsern Tagen schaun.

So war ihr Loben nur ein Prophezei'n
Von unsrer Zeit, es bildet dich nur vor:
Sie blickten durch der Zukunft Dämmerschein,
Besangen drum nur dürftig deinen Flor.

Sind uns doch, die ein Licht mit dir beschien,
Zum Staunen Augen nur, kein Mund zum Lob verliehn!

Sonnet 107

Not mine own fears, nor the prophetic soul
Of the wide world, dreaming on things to come,
Can yet the lease of my true love control,
Suppos'd as forfeit to a confin'd doom.
The mortal moon hath her eclipse endur'd,
And the sad augurs mock their own presage;
Incertainties now crown themselves assur'd,
And peace proclaims olives of endless age.
Now with the drops of this most balmy time
My love looks fresh, and Death to me subscribes,
Since spite of him I'll live in this poor rhyme,
While he insults o'er dull and speechless tribes.

And thou in this shalt find thy monument,
When tyrants' crests and tombs of brass are spent.

Sonett 107

Nicht eigne Sorgen, kein prophetisch Denken
Des weiten Erdballs, der von Zukunft träumt,
Kann meiner treuen Liebe Frist beschränken,
Als hätt' ein Richterspruch sie eng umzäumt.
Heil blieb der Mond in Todesfinsternis,
Ernsthafte Augurn spotten eigner Kunde;
Unsichres krönt sich selbst nun als gewiß,
Und Friedens Ölzweig lächelt ew'gem Bunde.
Nun, in den Tropfen dieser Balsamzeit
Steht meine Liebe frisch: Tod ist ihr hold;
Ich leb' in armen Reimen ihm zum Neid,
Wenn er sprachlosen, dunkeln Herden grollt.

Und darin will ich fest dein Denkmal gründen,
Wenn eh'rne Gräber, wenn Tyrannenschilde schwinden.

Sonnet 108

What's in the brain that ink may character,
Which hath not figur'd to thee my true spirit?
What's new to speak, what now to register,
That may express my love, or thy dear merit?
Nothing, sweet boy; but yet, like prayers divine,
I must each day say o'er the very same;
Counting no old thing old, thou mine, I thine,
Even as when first I hallow'd thy fair name.
So that eternal love in love's fresh case
Weighs not the dust and injury of age,
Nor gives to necessary wrinkles place,
But makes antiquity for aye his page;

Finding the first conceit of love there bred,
Where time and outward form would show it dead.

Sonett 108

Was wär' im Hirn, in Tinte nur zu kleiden,
Das dir mein ganzes Herz nicht schon beschrieb?
Was könnt' ich Neues sagen, was bedeuten,
Das deinem Wert entspräch und meinem Trieb?
Nichts, teurer Knab'! und drum nur eines alle Stunden,
Wie fromm Gebet zu sagen bleibt mir süß.
Nichts Altes gilt mir alt, sind wir verbunden,
Wie da zuerst dein schön Gestirn ich pries.
So ew'ge Lieb' in frischen Liebesbanden,
Wägt keines Alters Staub noch Feindlichkeit:
Notwend'ge Runzeln sind ihr nicht vorhanden;
Zum Knecht auf immer macht sie sich die Zeit:

Sie, deren Keim sich da geboren fühlt,
Wo Zeit und Außenwelt für tot ihn hielt.

Sonnet 109

O, never say that I was false of heart,
Though absence seem'd my flame to qualify!
As easy might I from myself depart,
As from my soul which in thy breast doth lie:
That is my home of love: if I have rang'd,
Like him that travels, I return again,
Just to the time, not with the time exchang'd, –
So that myself bring water for my stain.
Never believe, though in my nature reign'd
All frailties that besiege all kinds of blood,
That it could so preposterously be stain'd,
To leave for nothing all thy sum of good;

For nothing this wide universe I call,
Save thou, my rose; in it thou art my all.

Sonett 109

O nimmer sprich zu mir: „Treulose Seele!"
Schien Trennung gleich zu wandeln meine Glut:
Weil ich so leicht mir selber ja mich stöhle
Als meinem Geist, der dir im Busen ruht.
Da ist mein Freundeshaus! Schwärmt' ich vom Ziel,
Doch kehr' ich heim von langen Wegesstrecken:
Der Zeit gehorchend, nicht ihr Launenspiel,
Bring' ich das Wasser selbst für meine Flecken.
O halte nicht, und wär' es gleich bedeckt
Mit jeglichem Gebrechen jedes Blutes,
Mein Wesen so unselig für befleckt,
Daß es um nichts dahingäb' all dein Gutes!

Denn nichts nenn' ich der weiten Welt Gewinn:
Du, meine Rose, du mein alles drin!

Sonnet 110

Alas! 'tis true, I have gone here and there,
And made myself a motley to the view,
Gor'd mine own thoughts, sold cheap what is most dea
Made old offences of affections new.
Most true it is, that I have look'd on truth
Askance and strangely; but by all above,
These blenches gave my heart another youth,
And worse essays prov'd thee my best of love.
Now all is done; save what shall have no end:
Mine appetite I never more will grind
On newer proof, to try an older friend,
A God in love, to whom I am confin'd.

Then give me welcome, next my heaven the best,
Even to thy pure and most most loving breast.

Sonett 110

Ach, wohl ist's wahr, ich schwärmte her und hin,

Bot mich der Welt zum Spielwerk; in die Seele

Schnitt ich mir selbst, gab Höchstes wohlfeil hin;

Mit neuen Trieben mehrt' ich alte Fehle.

Sehr wahr ist's: fremd und schielend und bedingt

Sah ich die Wahrheit. Doch, bei allen Mächten!

Dies Straucheln hat mein Herz mir nur verjüngt;

Dich besten Freund erprobt' ich unter Schlechten.

Nun ist es alles, bis auf eins getan,

Das ewig währt. Nie kommt zu neuer Probe

Des alten Freundes mehr der Trieb mich an,

Des Liebesgottes, dem ich mich gelobe.

Gib nächst dem Himmel denn die höchste Lust,

Den Willkomm mir an deiner liebsten Brust!

Sonnet 111

O, for my sake do you with Fortune chide,
The guilty goddess of my harmful deeds,
That did not better for my life provide,
Than public means, which public manners breeds.
Thence comes it that my name receives a brand,
And almost thence my nature is subdu'd
To what it works in, like the dyer's hand:
Pity me then, and wish I were renew'd;
Whilst, like a willing patient, I will drink
Potions of eysell, 'gainst my strong infection;
No bitterness that I will bitter think,
Nor double penance, to correct correction.

Pity me then, dear friend, and I assure ye,
Even that your pity is enough to cure me.

Sonett 111

Verklage nur des Glückes Göttin! Sie
Ist an den Sünden schuld, die ich verübt;
Weil sie nichts Beßres mir zum Leben lieh
Als feiles Brot, das feile Sitten gibt.
So liegt auf meinem Namen wie ein Brand,
So wird mein ganzes Wesen schier entweiht
Von seinem Handwerk, wie des Färbers Hand.
Hab Mitleid denn, und wünsch, ich würd' erneut!
Und scharfe Essigtränke will ich trinken
Als williger Kranker: was Entsühnung schafft,
Das Bitterste soll mir nicht bitter dünken,
Kein zwiefach Büßen, das die Strafe straft.

Hab Mitleid denn! Und dein mitleid'ger Sinn,
O glaub' es, Herz! reich mich zu heilen hin.

Sonnet 112

Your love and pity doth the impression fill
Which vulgar scandal stamp'd upon my brow;
For what care I who calls me well or ill,
So you o'er-green my bad, my good allow?
You are my all-the-world, and I must strive
To know my shames and praises from your tongue;
None else to me, nor I to none alive,
That my steel'd sense or changes, right or wrong.
In so profound abysm I throw all care
Of other's voices, that my adder's sense
To critic and to flatterer stopped are.
Mark how with my neglect I do dispense: –

You are so strongly in my purpose bred,
That, all the world besides, methinks y' are dead.

Sonett 112

Dein liebend Mitleid schließt die Wunde wieder,
Die in die Stirn mir grub des Pöbels Dienst.
Was kümmert mich mein Leumund für und wider,
Wenn du mein Gutes ehrst, mein Schlimmes übergrünst?
Du bist die Welt mir. Deinem Mund beständig
Vertrau' ich all mein Lob- und Tadelsrecht.
Für niemand bin ich sonst, niemand für mich lebendig,
Der mir den eh'rnen Sinn links oder rechts bewegt.
In tiefsten Abgrund werf' ich alle Sorgen
Um Menschengunst. Mein taubes Otterohr
Wird nicht auf Lästrer, nicht auf Schmeichler horchen –
Doch welchen Grund der Gleichmut leg' ich vor?

Im Herzen fühl' ich dich so mächtig leben,
Daß mir wie tot erscheint die Welt daneben.

Sonnet 113

Since I left you, mine eye is in my mind,
And that which governs me to go about
Doth part his function, and is partly blind,
Seems seeing, but effectually is out;
For it no form delivers to the heart
Of bird, of flower, or shape, which it doth latch:
Of his quick objects hath the mind no part,
Nor his own vision holds what it doth catch;
For if it see the rud'st or gentlest sight,
The most sweet favour, or deformed'st creature,
The mountain or the sea, the day or night,
The crow, or dove, it shapes them to your feature.

Incapable of more, replete with you,
My most true mind thus makes mine eye untrue.

Sonett 113

Seit ich dir fern bin, ist mein Aug' im Sinn:

Und jenes, das mich führt von Ort zu Ort,

Teilt seine Tätigkeit; zum Teil ist's blind;

Scheint sehend, doch in Wahrheit ist's verdorrt.

Denn keine Formen, keinen Widerschein

Von Blum' und Vogel, was sich zu ihm drängt,

Nichts bringt sein schnelles Sehn dem Herzen ein,

Ja seine Sehkraft hält nicht, was sie fängt.

Denn schön und häßlich, was es schauen mag,

Unförmlichkeit, wie süßestes Vergnügen,

Berg oder Ozean, Nacht oder Tag,

Taub' oder Kräh, es formt's nach deinen Zügen.

So voll von dir und fähig sonst zu nichts,

Wird so mein treuster Sinn Verführer des Gesichts.

Sonnet 114

Or whether doth my mind, being crown'd with you,
Drink up the monarch's plague, this flattery?
Or whether shall I say mine eye saith true,
And that your love taught it this alchymy,
To make of monsters and things indigest,
Such cherubins as your sweet self resemble,
Creating every bad a perfect best,
As fast as objects to his beams assemble?
O, 'tis the first; 'tis flattery in my seeing,
And my great mind most kingly drinks it up:
Mine eye well knows what with his gust is 'greeing,
And to his palate doth prepare the cup:

If it be poison'd, 'tis the lesser sin
That mine eye loves it, and doth first begin.

Sonett 114

Obwohl mein Sinn, mit dir gekrönt, vom Rauche
Und Königsgift der Schmeichelei sich nährt?
Wie? oder sagt die Wahrheit mir mein Auge,
Dem solche Alchimie dein Lieben lehrt,
Daß es die mißgeschaffnen rohen Dinge
Zu Cherubinen, die dir gleichen, schafft,
Zum Kleinod wandelt jegliches Geringe,
Wie es begegnet seines Strahles Kraft?
O jenes ist's, ist Augenschmeichelei!
Die saugt höchst königlich mein großer Sinn.
Wohl weiß mein Auge, was dem lieblich sei,
Und reicht den Becher seinem Gaumen hin.

Wenn er vergiftet war, du Auge leerst,
Selbst lüstern, Sünde mindernd, ihn zuerst.

Sonnet 115

Those lines that I before have writ do lie,
Even those that said I could not love you dearer;
Yet then my judgment knew no reason why
My most full flame should afterwards burn clearer.
But reckoning time, whose million'd accidents
Creep in 'twixt vows, and change decrees of kings,
Tan sacred beauty, blunt the sharp'st intents,
Divert strong mind to the course of altering things;
Alas! why, fearing of Time's tyranny,
Might I not to then say, 'Now I love you best',
When I was certain o'er incertainty,
Crowning the present, doubting of the rest?

Love is a babe; then might I not say so,
To give full growth to that which still doth grow.

Sonett 115

Was ich dir vormals schrieb, falsch muß ich's nennen:
„Nie könnt' ich wärmer lieben dich als heut."
Denn wie die Glut je heller sollte brennen,
Sah da mein Urteil keine Möglichkeit.
Und doch: wenn Zeit und Zufall tausendfältig
Gelübde lockert, feste Zwecke lähmt,
Geweihte Schönheit schwärzt, der Fürsten Rat gewältigt,
Dem Ungefähr die Störrigsten bequemt:
Ach! durft' ich da, bang vor der Zeiten Hand,
Nicht sagen: „Jetzt lieb' ich am meisten ihn."
Als ich gewiß war über Unbestand,
Das Heut ergriff, weil Morgen dunkel schien?

Lieb' ist ein Kind, das fort und fort gedeiht;
Zu vollem Wachstum ließ mein Wort ihm Zeit.

Sonnet 116

Let me not the marriage of true minds
Admit impediments. Love is not love
Which alters when it alteration finds,
Or bends with the remover to remove:
O no; it is an ever-fixed mark,
That looks on tempests, and is never shaken;
It is the star to every wandering bark,
Whose worth's unknown, although his height be taken
Love's not Time's fool, though rosy lips and cheeks
Within his bending sickle's compass come;
Love alters not with his brief hours and weeks,
But bears it out even to the edge of doom.

If this be error, and upon me proved,
I never writ, nor no man ever loved.

Sonett 116

Laß mich von keinen Hindernissen hören,
Die treuer Seelen Ehebund bedräun!
Lieb' ist nicht Liebe, wenn sie Störer stören,
Wenn sie Zerstreuung irrend kann zestreun.
O nein! sie ist ein ewig sichres Ziel,
Thront unerschüttert über Sturmeswogen;
Ein Angelstern für jeden irren Kiel;
Kein Höhenmaß hat seinen Wert erwogen.
Lieb' ist kein Narr der Zeit, ob Rosenwangen
Auch ihrer Sichel krumme Schneid' umspannt:
In enger Stunden Lauf uneingefangen
Beharrt sie bis an Weltgerichtes Rand.

Wenn dies als Wahn, als Lüge sich ergibt,
So schrieb ich nie, so hat kein Mensch geliebt.

Sonnet 117

Accuse me thus; that I have scanted all
Wherein I should your great deserts repay;
Forgot upon your dearest love to call,
Whereto all bonds do tie me day by day;
That I have frequent been with unknown minds,
And given to time your own dear-purchas'd right;
That I have hoisted sail to all the winds
Which should transport me farthest from your sight.
Book both my wilfulness and errors down,
And on just proof, surmise accumulate,
Bring me within the level of your frown,
But shoot not at me in your wakened hate:

Since my appeal says, I did strive to prove
The constancy and virtue of your love.

Sonett 117

Beschuld'ge mich, daß ich mit karger Gegengabe
All deine beste Wohltat hab' erkannt,
Daß ich dein liebstes Herz verabsäumt habe,
Woran mich Tag für Tag mit allen Klammern band:
Daß ich mich häufig ließ mit fremden Seelen finden,
Dein teures Recht vergeudend, meine Pflicht;
Daß ich die Segel aufzog allen Winden,
Zu fernster Flucht aus deinem Angesicht.

Verzeichne jeden Fehler, alle Launen,
Verdächt'ge mich, wenn die Beweise voll;
Nimm mich aufs Korn der finstern Augenbrauen,
Nur feure nicht auf mich in deinem Groll!

Weil meine Schutzschrift lautet: alle Tiefen
Von deiner Treu und Liebe wollt' ich prüfen.

Sonnet 118

*Like as, to make our appetites more keen,
With eager compounds we our palate urge:
As, to prevent our maladies unseen,
We sicken to shun sickness, when we purge;
Even so, being full of your ne'er-cloying sweetness,
To bitter sauces did I frame my feeding,
And, sick of welfare, found a kind of meetness
To be diseas'd, ere that there was true needing.
Thus policy in love, to anticipate
The ills that were not, grew to faults assured,
And brought to medicine a healthful state,
Which, rank of goodness, would by ill be cured.*

*But thence I learn, and find the lesson true,
Drugs poison him that so fell sick of you.*

Sonett 118

Wie man die Eßlust reizt mit scharfen Brüh'n,
Wie, wenn wir reinigende Tränke nehmen,
Um unbekannten Übeln zu entfliehn,
Aus Krankheitsscheu zur Krankheit uns bequemen:
So legt' auch ich, von deiner Süße krank,
Die nimmer sättigt, mich auf bitt're Speisen.
Wohllebens voll hab ich, den zwar nichts zwang,
Mir etwas Dienliches hievon verheißen.
So fiel der Liebe Schlauheit, vorbedacht
Auf Übel, das nicht war, in wahre Sünden,
Und der Gesunde, krank durch Überfracht
Des Guten, wollt' im Übel Heilung finden.

Doch daran lern' ich und mir leuchtet ein:
Wer krank um dich ward, Gift muß Arznei ihm sein.

Sonnet 119

What potions have I drunk of Syren tears,
Distill'd from lymbecks foul as hell within,
Applying fears to hopes, and hopes to fears,
Still losing when I saw myself to win!
What wretched errors hath my heart committed,
Whilst it hath thought itself so blessed never!
How have mine eyes out of their spheres been fitted,
In the distraction of this madding fever!
O benefit of ill! now I find true
That better is by evil still made better;
And ruin'd love, when it is built anew,
Grows fairer than at first, more strong, far greater.

So I return rebuk'd to my content,
And gain by ills thrice more than I have spent.

Sonett 119

Was für Sirenentränen, abgezogen
Auf höllischen Retorten sog ich ein!
Wie zwischen Furcht und Hoffnung gleich betrogen,
Erwarb ich statt Zufriedenheit mir Pein!
Wie frevelte das Herz in seinem Wahn,
Als wenn es reich und selig wär' wie nie:
Wie rollte wild das Aug' aus seiner Bahn,
In jener wüsten Fieberphantasie! –
O Arzenei des Schlimmen! Dies bewährt:
Daß Übel Beßres gut und besser macht;
Und daß erloschne Liebe, frisch genährt,
Nur heller, heißer als zuvor erwacht.

Und so zum Liebsten flücht' ich mich voll Scham
Und dreifach gibt mir Übel, was es nahm.

Sonnet 120

That you were once unkind, befriends me now,
And for that sorrow, which I then did feel,
Needs must I under my transgression bow,
Unless my nerves were brass or hammered steel.
For if you were by my unkindness shaken,
As I by yours, y' have pass'd a hell of time:
And I, a tyrant, have no leisure taken
To weigh how once I suffer'd in your crime.
O that our night of woe might have remembered
My deepest sense, how hard true sorrow hits,
And soon to you, as you to me then tendered
The humble salve which wounded bosoms fits!

But that your trespass now becomes a fee;
Mine ransoms yours and yours must ransom me.

Sonett 120

Daß du einst hart warst, schafft mir nun Genügen:
Und, bei der damals tief empfundnen Pein,
Müßt' ich notwendig meiner Schuld erliegen,
Wenn meine Nerven nicht von Stahl und Stein.
Denn, wenn dich meine Härte traf, wie mich
Die deine, litt'st du Höllenqual indessen;
Und ich Tyrann hab' unbedächtiglich
Nicht, was ich damals von dir litt, ermessen.
O daß mich da in unsers Kummers Nacht
Das tiefste Herz gemahnt, wie wahrer Gram verwundet!
Daß wir einander gleich das linde Öl gebracht,
Wovon verletzter Busen schnell gesundet.

Doch wird dein Fehltritt nun zum Lösegeld,
Und jedes Schuld tilgt, was der Freund gefehlt.

Sonnet 121

'Tis better to be vile, than vile esteemed,
When not to be receives reproach of being,
And the just pleasure lost, which is so deemed,
Not by our feeling, but by others' seeing.
For why should others' false adulterate eyes
Give salutation to my sportive blood?
Or on my frailties why are frailer spies,
Which in their wills count bad what I think good?
No; – I am that I am; and they that level
At my abuses, reckon up their own:
I may be straight, though they themselves be bevel;
By their rank thoughts my deeds must not be shown;

Unless this general evil they maintain, –
All men are bad, and in their badness reign.

Sonett 121

Besser schlecht sein als scheinen wo, wie sein,
Das nicht sein Schmach gebiert, und zu entbehren
Gerechter Freude dran, wenn sie der Schein,
Nicht unser Selbstbewußtsein soll bewähren.
Denn warum soll verschrobner Augen Tücke
Mein wildes Blut belächeln? Was vereint
Auf meine Schwächen schwäch'rer Späher Blicke,
Die übel deuten, was ich gut gemeint?
Nein! Ich bin, der ich bin, und was sie summen
Von meiner Schuld, ist ihrer Schmach Bericht.
Vielleicht bin ich gerad, und sie die Krummen:
Ihr gift'ger Hauch schwärzt meine Taten nicht;

So lang sie nicht die Welt erbaun auf Lügen,
Daß alle schlecht sind und im Schlechten siegen.

Sonnet 122

*Thy gift, thy tables, are within my brain
Full character'd with lasting memory,
Which shall above that idle rank remain,
Beyond all date, even to eternity:
Or at the least so long as brain and heart
Have faculty by nature to subsist;
Till each to ras'd oblivion yield his part
Of thee, thy record never can be miss'd.
That poor retention could not so much hold,
Nor need I tallies, thy dear love to score;
Therefore to give them from me was I bold,
To trust those tables that receive thee more;*

*To keep an adjunct to remember thee,
Were to import forgetfulness in me.*

Sonett 122

Dein Täflein, dein Geschenk, ist mein Gemüt,
Mit dauerndem Gedächtnis vollgeschrieben,
Das alle dürft'ge Schranken überflieht,
Der Zeit zum Trutz auf ewig fortzulieben:
Solang zumindest, als Naturgeschick
Gemüt und Hirn zum Leben mag verbinden.
Bis beides nicht sein Teil an dir zurück
Dem Moder gibt, kann nie dein Bild verschwinden.
Zu eng war das Gefäß für solchen Zweck;
Kein Kerbholz braucht's, dein Lieben einzuzeichnen;
Darum war ich so kühn und gab es weg,
Auf Tafeln stolz, die dich mir fester eignen.

Braucht' ich, um dein zu denken, andrer Spur,
Vergeßlichkeit in mir bewies es nur.

Sonnet 123

No! Time, thou shalt not boast that I do change:
Thy pyramids built up with newer might
To me are nothing novel, nothing strange;
They are but dressings of a former sight.
Our dates are brief, and therefore we admire
What thou dost foist upon us that is old;
And rather make them born to our desire,
Than think that we before have heard them told.
Thy registers and thee I both defy,
Not wondering at the present nor the past;
For thy records and what we see do lie,
Made more or less by thy continual haste:

This I do vow, and this shall ever be,
I will be true, despite thy scythe and thee:

Sonett 123

Nein, Zeit! nicht wandelbar sollst du mich schelten:
Mir kann dein junger Pyramidenbau
Nicht staunenswert, nicht für ein Wunder gelten;
Sie sind nur Anputz einer ältern Schau.

In enge Frist beschränkt, bewundern wir,
Was du für altersgrau uns willst verkaufen,
Vergessen früherer Kunde, voll Begier
Nach eignem Wunsch beliebig sie zu taufen.

Hohn biet' ich dir und deinen Chroniken:
Nicht Gegenwärt'ges noch Vergangnes nimmt mich wunder;
Denn Lug ist dein Bericht, und was wir sehn:
Ein ewig Eilen taucht es auf und unter.

Dies eine schwör' und halt' ich treulich mir:
Wahr will ich sein, trotz deiner Sens' und dir.

Sonnet 124

If my dear love were but the child of state,
It might for Fortune's bastard be unfather'd,
As subject to Time's love, or to Time's hate,
Weeds among weeds, or flowers with flowers gather'd.
No; it was builded far from accident;
It suffers not in smiling pomp, nor falls
Under the blow of thralled discontent,
Whereto the inviting time our fashion calls:
It fears not policy, that heretic,
Which works on leases of short-numbered hours,
But all alone stands hugely politic,
That it nor grows with heat, nor drowns with showers.

To this I witness call the fools of Time,
Which die for goodness, who have liv'd for crime.

Sonett 124

Ist meine Liebe nur ein Kind der Welt,

Dann nennt sie Glücksbastard, den nie ein Vater küßt,

Der Zeiten Haß und Liebe bloßgestellt,

Wie man den Dorn zum Dorn, zu Rosen Rosen liest.

Nein, sie erwuchs vom Zufall fern: ihr droht

Kein prunkend Lächeln, nicht zu Boden schlagen

Kann sie mit finstern Mienen ein Despot,

Sie trägt nicht Fesseln, wie die Zeiten tragen.

Nicht fürchtet sie den Ketzer Politik,

Der kurzgemeßner Stunden Sold erkeuchet;

Sie selber ist der Staatskunst Meisterstück,

Das weder Wärme nährt noch Regen beuget. –

Ihr Narr'n der Zeit, dies wißt ihr und bezeugt;

Die ihr für Laster lebt, für Tugenden erbleicht.

Sonnet 125

Were't aught to me I bore the canopy,
With my extern the outward honouring,
Or laid great bases for eternity,
Which proves more short than waste or ruining;
Have I not seen dwellers on form and favour
Lose all, and more, by paying too much rent,
For compound sweet foregoing simple savour,
Pitiful thrivers, in their gazing spent?
No; – let me be obsequious in thy heart,
And take thou my oblation, poor but free,
Which is not mix'd with seconds, knows no art,
But mutual render, only me for thee.

Hence, thou suborn'd informer! a true soul,
When most impeach'd, stands least in thy control.

Sonett 125

Sollt' ich dir Baldachinen überbreiten,
Dein Äußres durch mein Außen zu verehren?
Sollt' ich Gebäude baun für Ewigkeiten,
Die nicht so lang als Wurm und Moder währen?
Hab' ich nicht Lüsterne nach Gunst und Schein,
Schwer zinsend alles, alles opfern sehn?
Sie tauschten süße Brüh'n für schlichte Nahrung ein;
Und noch im Gaffen war's um sie geschehn.
Nein! Deinem Herzen laß mich dienstbar sein,
Und nimm du meine Gabe; arm, doch frei.
Die ist von Nebenwerk und Künsten rein,
Die kennt nur du um du, und Treu um Treu.

Hinweg, bestochner Züngler! Den Geraden
Verklage nur, hast ihm nicht Macht zu schaden.

Sonnet 126

O thou, my lovely boy, who in thy power
Dost hold Time's fickle glass, his sickle hour;
Who hast by waning grown, and therein show'st
Thy lovers withering, as thy sweet self grow'st!
If Nature, sovereign mistress over wrack,
As thou goest onwards, still will pluck thee back,
She keeps thee to this purpose, that her skill
May Time disgrace, and wretched minutes kill.
Yet fear her, O thou minion of her pleasure;
She may detain, but not still keep her treasure:
Her audit, though delay'd, answer'd must be,
And her quietus is to render thee.

Sonett 126

O du mein süßer Knab', in dessen Hut
Der Zeiten morsche Uhr und Sichel ruht,
Der schwindend wuchs und durch sein holdes Sprießen
Das Welken seines Freundes hat bewiesen:
Wenn dich Natur, die allen Wandel lenkt,
So wie du voreilst, immer rückwärts drängt,
Verweilt sie dich, weil sie die Zeit betören
Und hungrige Minuten will zerstören.
Doch fürchte sie, du Liebling ihrer Lust!
Aufhalten, nicht behalten an der Brust
Darf sie ihr Kleinod. Spät, mit Widerstreben,
Doch einmal ist's verhängt, dich muß sie geben.

Sonnet 127

*In the old age black was not counted fair,
Or if it were, it bore no beauty's name;
But now is black beauty's successive heir,
And beauty slander'd with a bastard shame:
For since each hand hath put on Nature's power,
Fairing the foul with Art's false borrow'd face,
Sweet beauty hath no name, no holy bower,
But is profan'd, if not lives in disgrace.
Therefore my mistress' eyes are raven black,
Her hairs so suited; and they mourners seem
At such, who not born fair, no beauty lack,
Slandering creation with a false esteem:*

*Yet so they mourn, becoming of their woe,
That every tongue, says, beauty should look so.*

Sonett 127

Schwarz galt vor Alters nicht für schön: in Worten
Führt' es zum mindesten den Namen nicht.
Doch nun ist Schwarz der Schönheit Farbe worden,
Und ein Bastard entstellt ihr Angesicht.
Denn seit sich jede Hand Natur zu sein vermißt,
Mit falschen Flittern Häßliches verschönt,
Bleibt reine Anmut namenlos; vergißt
Man ihren Dienst, lebt sie entweiht, verhöhnt.
Drum hat mein Mädchen rabenschwarze Augen
Und Rabenhaar, ihr Trauern zu gestehn
Um jene Widrigen, die keine Schönheit brauchen,
Weil sie mit falschem Schein die Schöpfung schmähn.

Und doch, so steht dies Leid ihr zu Gesicht,
Daß alle sagen: Ist das Schönheit nicht?

Sonnet 128

How oft, when thou, my music, music play'st,
Upon that blessed wood whose motion sounds
With thy sweet fingers, when thou gently sway'st
The wiry concord that mine ear confounds,
Do I envy those jacks, that nimble leap
To kiss the tender inward of thy hand,
Whilst my poor lips, which should that harvest reap,
At the wood's boldness by thee blushing stand!
To be so tickled, they would change their state
And situation with those dancing chips,
O'er whom thy fingers walk with gentle gait,
Making dead wood more bless'd than living lips.

Since saucy jacks so happy are in this,
Give them thy fingers, me thy lips to kiss.

Sonett 128

Wie oft, o meine Muse! wenn dein Finger
Aus dem beglückten Holz Musik entspann
Und jenen Wohllaut, meines Ohrs Bezwinger,
Mit süßem Griff den Saiten abgewann,
Beneidet' ich die Tasten, wie zu nippen
Sie deinen zarten Händen eilig nah'n,
Indes errötend meine armen Lippen
An kühnes Holz ihr Recht verschwendet sah'n.
Wie möchten sie um solch Berühren tauschen
Mit jedem Spänlein, das sich tanzend bückt,
Wenn deiner Wanderfinger leises Rauschen
Mehr totes Holz als roten Mund beglückt!

Wenn kecke Tasten denn so schwelgen müssen,
Laß sie die Hand, laß mich die Lippen küssen.

Sonnet 129

The expense of spirit in a waste of shame
Is lust in action; and till action, lust
Is perjur'd, murd'rous, bloody, full of blame,
Savage, extreme, rude, cruel, not to trust;
Enjoy'd no sooner, but despised straight;
Past reason hunted; and no sooner had,
Past reason hated, as a swallowed bait,
On purpose laid to make the taker mad:
Mad in pursuit, and in possession so;
Had, having, and in quest to have, extreme;
A bliss in proof, – and prov'd, a very woe;
Before, a joy propos'd; behind, a dream;

All this the world well knows; yet none knows well
To shun the heaven that leads men to this hell.

Sonett 129

Der Seelen Tod in schimpflicher Zerstörung
Ist Lust in Tat: und bis zur Tat, ist Lust
Meineidig, mörd'risch, blutig, voll Betörung,
Roh, wild, wüst, grausam, ihrer unbewußt.
Genossen kaum, und alsobald verachtet;
Gejagt mit Unsinn, und, erbeutet kaum,
Gehaßt mit Unsinn; wie ein Tier verschmachtet,
Das man mit Gift betört im engen Raum.
Toll im Bestreben, töricht im Genuß;
Besitz, Erwerb ist Wahnsinn, sonst und jetzt.
Im Schlürfen Seligkeit; geschlürft, Verdruß:
Erst ein gehofftes Fest, ein Traum zuletzt.

Wohl ist dies weltbekannt, doch selten meidet
Die Welt den Himmel, der zur Hölle leitet.

Sonnet 130

My mistress' eyes are nothing like the sun;
Coral is far more red than her lips red:
If snow be white, why then her breasts are dun;
If hairs be wires, black wires grow on her head.
I have seen roses damask'd, red and white,
But no such roses see I in her cheeks;
And in some perfumes is there more delight
Than in the breath that from my mistress reeks.
I love to hear her speak, yet well I know
That music hath a far more pleasing sound;
I grant I never saw a goddess go, –
My mistress, when she walks, treads on the ground;

And yet, by heaven, I think my love as rare
As any she bely'd with false compare.

Sonett 130

Von Sonn' ist nichts in meines Liebchens Blicken:
Wenn Schnee weiß, ist ihr Busen graulich gar:
Weit röter glüht Rubin als ihre Lippen:
Wenn Haare Draht sind, hat sie drahtnes Haar.
Damaskusrosen weiß und rot erblickt' ich;
Doch nicht auf Liebchens Wangen solchen Flor:
Und mancher Wohlgeruch ist mehr erquicklich,
Als der aus ihrem Munde geht hervor.
Gern hör' ich, wenn sie spricht; doch zu gestehen
Bleibt, daß Musik mir weit ein süßrer Gruß.
Zwar keine Göttin hab' ich schreiten sehen:
Mein Liebchen, wenn es wandelt, geht zu Fuß.

Und doch, gewiß, so hoch beglückt sie mich
Als irgendeine, die man schlecht verglich.

Sonnet 131

Thou art as tyrannous, so as thou art,
As those whose beauties proudly make them cruel;
For well thou know'st to my dear doting heart
Thou art the fairest and most precious jewel.
Yet, in good faith, some say that thee behold,
Thy face hath not the power to make love groan:
To say they err, I dare not be so bold,
Although I swear it to myself alone.
And, to be sure that is not false I swear,
A thousand groans, but thinking on thy face,
One on another's neck, do witness bear
Thy black is fairest in my judgment's place.

In nothing art thou black, save in thy deeds,
And thence this slander, as I think, proceeds.

Sonett 131

Du bist so herrisch, Herz! für deine Gaben,
Wie andre, die ihr Liebreiz grausam macht:
Denn wohl weißt du, mir liebekrankem Knaben
Bist du mein schönstes Kleinod, mein Smaragd.
Und doch, traun, mancher sagt, der dein Gesicht
Gesehn, daß es ein Herz nicht leicht betöre.
Dies Wahn zu schelten, wag' ich freilich nicht,
Wiewohl ich's heimlich bei mir selber schwöre.
Und daß nicht falsch mein Schwur ist, zeugen dir
Viel tausend Seufzer, die mir heiß entquellen,
Wie ich nur denk' an dein Gesicht, und mir
Dein Schwarz in meinem Sinn zu Gold erhellen.

Denn schwarz an dir sind deine Werk' allein:
So mag der Leumund dir entstanden sein.

Sonnet 132

Thine eyes I love, and they, as pitying me,
Knowing thy heart torments me with disdain,
Have put on black, and loving mourners be,
Looking with pretty ruth upon my pain.
And truly not the morning sun of heaven
Better becomes the grey cheeks of the east,
Nor that full star that ushers in the even,
Doth half that glory to the sober west,
As those two mourning eyes become thy face:
O, let it then as well beseem thy heart
To mourn for me, since mourning doth thee grace,
And suit thy pity like in every part.

Then will I swear beauty her self is black,
And all they foul that thy complexion lack.

Sonett 132

Ich liebe deine Augen: ein Bedauern
Les' ich Verschmähter drin: wohl kennen sie dein Herz
Und tragen Schwarz, und scheinen mild zu trauern,
Mit holdem Gram betrachtend meinen Schmerz.
Und wahrlich, nicht des Ostens grauen Wangen
Steht Himmels Morgensonne reizender,
Noch blinkt der volle Stern mit abendlichem Prangen
Vom kalten Westen halb so stolz daher,
Wie jenes Traueraugenpärlein blickt.
O dann laß Trauer auch dein Herz verschönen
Um mich, wenn Trauer dich so reizend schmückt!
Laß alle Teil' in Mitleid sich versöhnen.

Dann schwör' ich, Schönheit selbst ist schwarz; und was
Nicht deine Farbe trägt, verfolgt mein Haß.

Sonnet 133

Beshrew that heart that makes my heart to groan
For that deep wound it gives my friend and me!
Is't not enough to torture me alone,
But slave to slavery my sweet'st friend must be?
Me from myself thy cruel eye hath taken,
And my next self thou harder hast engross'd;
Of him, myself, and thee, I am forsaken;
A torment thrice threefold thus to be cross'd.
Prison my heart in thy steel bosom's ward,
But then my friend's heart let my poor heart bail;
Whoe'er keeps me, let my heart be his guard;
Thou canst not then use rigour in my jail:

And yet thou wilt; for I, being pent in thee,
Perforce am thine, and all that is in me.

Sonett 133

O Schmach dem Herzen, das mein Herz entseelt
Mit tiefer Wunde, mir, wie meinem Freund geschlagen.
Ist's nicht genug, daß man allein mich quält,
Muß mein Geliebtester noch Sklavenfesseln tragen?
Mich hat mir selbst dein grausam Aug' entzogen;
Mein zweites Selbst umspannst du fester noch:
Um ihn, um mich, um dich bin ich betrogen,
Und dreimal dreifach drückt mich dieses Joch.
Schmiede mein Herz in deines Busens Stein,
Doch dann nimm Freundes Herz für mein arm Herz zum Pfande:
Wer auch mich hütet, ihm laß mein Herz Wächter sein;
So mußt du lockrer knüpfen meine Bande.

Und wirst's doch nicht: denn ich, verwahrt in dir,
Bin ewig dein, und alles was an mir.

Sonnet 134

So now I have confess'd that he is thine,
And I myself am mortgag'd to thy will;
Myself I'll forfeit, so that other mine
Thou wilt restore, to be my comfort still:
But thou wilt not, nor he will not be free,
For thou art covetous, and he is kind;
He learn'd but, surety-like, to write for me,
Under that bond that him as fast doth bind,
The statute of thy beauty thou wilt take,
Thou usurer, that put'st forth all to use,
And sue a friend, came debtor for my sake;
So him I lose through my unkind abuse.

Him have I lost; thou hast both him and me;
He pays the whole, and yet I am not free.

Sonett 134

So! Nun ich eingestanden, daß ich dein,
Und deinem Willen ganz verfallen bin:
Geb' ich mich dir, wenn du dies zweite Mein
Zu ew'gem Troste mir erstattest, hin.
Doch du sagst nein, und er will Freiheit nicht;
Denn du bist lüstern, und er ist gelind.
Er schreibt für mich, kennt nur des Bürgen Pflicht,
Nach dem Vertrag, der ihn gleich fest umspinnt:
Du wirst zum Vorrecht deiner Schönheit greifen,
Du Wuch'rer, der in Nutzen alles kehrt;
Auf meinen Freund, der für mich zahlt, dich steifen,
Bis du um ihn hartherzig mich betört.

Betört bin ich: für einen hast du zwei:
Er zahlt das ganze – Werd' ich noch nicht frei?

Sonnet 135

Whoever hath her wish, thou hast thy Will,
And Will to boot, and Will in overplus;
More than enough am I that vex thee still,
To thy sweet will making addition thus.
Wilt thou, whose will is large and spacious,
Not once vouchsafe to hide my will in thine?
Shall will in others seem right gracious,
And in my will no fair acceptance shine?
The sea, all water, yet receives rain still,
And in abundance addeth to his store;
So thou, being rich in Will, add to thy Will
One will of mine, to make thy large Will more.

Let no unkind 'No' fair beseechers kill;
Think all but one, and me in that one Will.

Sonett 135

Wird andrer Wunsch erfüllt, so hast du deinen Willen,

Und Willen obenein, und Willen überviel,

Und ich, dein Quälgeist, kann ihn mehr als gründlich stillen.

Zu deinem holden Willen mach' ich dies Kodizill:

Willst du, die weit und räumig ist gewillt,

Nicht endlich meinen Willen aufnehmen in den deinen?

Erhört man andrer Willen gern und mild,

Und meinem soll kein Stern der Gnade scheinen?

Den Regen nehmen Seen, Flüsse, Meere

Zu ihrem Wasserreichtum dennoch ein:

So laß auch du, daß sich dein weiter Wille mehre,

O Willenreiche! noch dir meinen Willen weihn.

Laß keinen sterben! Stürmisch oder still,

Sie bitten nur was ich, der eine will.

Sonnet 136

If thy soul check thee that I come so near,
Swear to thy blind soul that I was thy Will,
And will, thy soul knows, is admitted there;
Thus far for love, my love-suit, sweet, fulfil.
Will will fulfil the treasure of thy love,
Ay, fill it full with wills, and my will one,
In things of great receipt with ease we prove
Among a number one is reckon'd none.
Then in the number let me pass untold,
Though in thy store's account I one must be;
For nothing hold me, so it please thee hold
That nothing me, a something sweet to thee:

Make but my name thy love, and love that still,
And then thou lov'st me, – for my name is Will.

Sonett 136

Straft deine Seele dich, als käm' ich dir zu nah,
Dann schwör': ich war dein Will', auf deine arme Seele;
Und deine Seele weiß, Will' ist willkommen da.
So wollt' ich, daß mein Leid sich deiner Lieb' empföhle.
Will Will' in Liebe deinen Schatz bereichern
Mit Willensüberfluß und seinem Willen mit,
Ist es ein Körnlein nur zu vollgehäuften Speichern,
Das nicht in Zahl und nicht in Rechnung tritt.
So laß mich denn auch unbeziffert leben,
Obwohl als Mitgenossen deiner Welt:
Sei ich dir nichts, wenn dies mein Nichts nur eben
Als angenehmes Etwas dir gefällt.

Nimm meinen Namen nur zu ew'gem Liebesziel,
So hast du mich lieb, denn mein Nam' ist Will.

Sonnet 137

Thou blind fool, Love, what dost thou to mine eyes,
That they behold, and see not what they see?
They know what beauty is, see where it lies,
Yet what the best is, take the worst to be.
If eyes, corrupt by over-partial looks,
Be anchor'd in the bay where all men ride,
Why of eyes' falsehood hast thou forged hooks,
Whereto the judgment of my heart is ty'd?
Why should my heart think that a several plot,
Which my heart knows the wide world's common plac
Or mine eyes seeing this, say this is not,
To put fair truth upon so foul a face?

In things right true my heart and eyes have erred,
And to this false plague are they now transferred.

Sonett 137

Wie plagst du, Amor, töricht blinder Wicht,
Die Augen! daß sie sehn, und was sie sehn, nicht schätzen?
Sie kennen Schönheit, sehn wo Schönheit liegt,
Und wagen Bestes Schlecht'stem gleichzusetzen.
Wenn sich das Aug', entweiht von falschen Blicken,
Zu jener Bucht, wo alle ankern, drängt;
Was machst du Hamen aus des Auges Tücken,
Daran das Urteil meines Herzens hängt?
Wie hält das Herz für ein umzäuntes Gut,
Wovon es weiß, es ist der Welt gemein?
Färbt Wahrheitfarben ein so falsches Blut,
Und widersetzt sich offnem Augenschein?

Hat Aug' und Herz das lauterste verkannt,
Und nun so ekler Pest sich zugewandt?

Sonnet 138

When my love swears that she is made of truth,
I do believe her, though I know she lies;
That she might think me some untutor'd youth,
Unlearned in the world's false subtleties.
Thus vainly thinking that she thinks me young,
Although she knows my days are past the best,
Simply I credit her false-speaking tongue;
On both sides thus is simple truth supprest.
But wherefore says she not, she is unjust?
And wherefore say not I, that I am old?
O, love's best habit is in seeming trust.
And age in love loves not to have years told:

Therefore I lie with her, and she with me,
And in our faults by lies we flattered be.

Sonett 138

Wenn Liebchen spricht, daß nie ihr Herz erkalte,
So glaub' ich ihr, wenn sie es schon erfand;
Damit sie mich für einen Neuling halte,
Mit Listen dieser Welt noch unbekannt.
So, irrig wähnend, daß sie jung mich wähne,
Wiewohl sie weiß, mein Frühling ist dahin,
Leugn' ich's ihr nicht in ihre falschen Zähne,
Und beiderseits verbirgt sich wahrer Sinn.
Doch warum sagt sie nicht, daß sie nicht treu?
Warum nicht ich, daß einst ich jung gewesen?
O Amors Lieblingslust ist Heuchelei,
Und Lieb' in Jahren mag nicht Jahreszahlen lesen.

Darum belüg' ich sie, belügt sie mich,
Und unsre Lügensünden schmeicheln sich.

Sonnet 139

O, call not me to justify the wrong,
That thy unkindness lays upon my heart;
Wound me not with thine eye, but with thy tongue
Use power with power, and slay me not by art.
Tell me thou lov'st elsewhere; but in my sight,
Dear heart, forbear to glance thine eye aside.
What need'st thou wound with cunning, when thy might
Is more than my o'erpress'd defence can 'bide?
Let me excuse thee: ah! my love well knows
Her pretty looks have been mine enemies;
And therefore from my face she turns my foes,
That they elsewhere might dart their injuries:

   Yet do not so; but since I am near slain,
   Kill me outright with looks, and rid my pain.

Sonett 139

O nicht Beschönigung des Unrechts brauche,
Wenn du so lieblos meinem Herzen bist!
Verwunde mit dem Mund, nicht mit dem Auge;
Miß Kraft an Kraft; und trifft mich nicht mit List!
Sprich: Andre lieb' ich; doch das Seitenwenden
Der Augen meide, Liebchen, wo ich bin.
Wozu die Künste? Reicht des Müden Los zu enden,
Dir nicht die offne Stärke mehr als hin?
Ich will dein Anwalt sein: Wohl weiß die Dirne,
Daß ihre art'gen Augen mich bekriegt;
Drum wendet sie den Feind mir von der Stirne,
Damit sein Pfeil nach andern Zielen fliegt. –

Doch, laß es gut sein! halb schon bin ich tot;
So blicke fort, und ende meine Not.

Sonnet 140

*B*e wise as thou art cruel; do not press
My tongue-tied patience with too much disdain;
Lest sorrow lend me words, and words express
The manner of my pity-wanting pain.
If I might teach thee wit, better it were,
Though not to love, yet, love, to tell me so
(As testy sick men, when their deaths be near,
No news but health from their physicians know;)
For, if I should despair, I should grow mad,
And in my madness might speak ill of thee:
Now this ill-wresting world is grown so bad,
Mad slanderers by mad ears believed be.

That I may not be so, nor thou bely'd,
Bear thine eyes straight, though thy proud heart go wide

Sonett 140

Sei klug, wie grausam! Sprenge nicht die Pforte
Stummer Geduld mit allzu bitter'm Hohn:
Damit mir Gram nicht Worte leih', und Worte
Dein unerweichtes Herz zu schildern drohn.
Sollt' ich dir raten, besser wär's, wo nicht
Zu lieben, doch mir Liebe vorzuheucheln;
Wie bangen Kranken, wenn das Auge bricht,
Die Ärzte noch mit Auferstehung schmeicheln.
Wenn ich verzweifeln müßte, würd' ich toll;
Und in der Tollheit könnt' ich dich verklagen:
Und diese Spottwelt ist so ränkevoll,
Daß tolle Lügen tollem Ohr behagen.

Dies meide! flieh Verleumdung, halte stet
Die Augen, wie auch weit dein stolzes Herz sich bläht.

Sonnet 141

In faith I do not love thee with mine eyes,
For they in thee a thousand errors note;
But 'tis my heart that loves what they despise,
Who in despite of view is pleas'd to dote.
Nor are mine ears with thy tongue's tune delighted;
Nor tender feeling, to base touches prone,
Nor taste nor smell, desire to be invited
To any sensual feast with thee alone:
But my five wits, nor my five senses can
Dissuade one foolish heart from serving thee,
Who leaves unsway'd the likeness of a man,
Thy proud heart's slave and vassal wretch to be:

Only my plague thus far I count my gain,
That she that makes me sin, awards me pain.

Sonett 141

Traun, nicht vom Auge kommt mein Liebesschmerz,
Das tausend Mangelhaftes an dir sieht.
Nein, was dem Auge widert, liebt das Herz,
Das, trotz den Augen, sich um dich bemüht.
Auch deine Stimme kann mein Ohr nicht reizen:
Zu niederm Tasten regt in mir sich kein
Gefühl: Geruch, Geschmack, sie alle geizen
Nach keinem Sinnenschmaus mit dir allein.
Doch nicht fünf Sinnen, nicht fünf Lebensgeister
Entzögen deinem Dienst ein töricht Herz,
Das leblos, larvengleich zurückläßt seinen Meister,
Dein Joch zu tragen, deiner Fesseln Erz.

Nur hierin dient zum Heil mir meine Pest:
Daß die mich sünd'gen macht, mich büßen läßt.

Sonnet 142

Love is my sin, and thy dear virtue hate,
Hate of my sin, grounded on sinful loving:
O, but with mine compare thou thine own state,
And thou shalt find it merits not reproving;
Or, if it do, not from those lips of thine,
That have profan'd their scarlet ornaments,
And seal'd false bonds of love as oft as mine;
Robb'd others' beds' revenues of their rents.
Be it lawful I love thee, as thou lov'st those
Whom thine eyes woo as mine impórtune thee:
Root pity in thy heart, that when it grows,
Thy pity may deserve to pitied be.

If thou dost seek to have what thou dost hide,
By self-example may'st thou be deny'd!

Sonett 142

Mein Sündigen ist Lieb', und Haß dein Tugendstreben,
Haß meiner Sünd', in sünd'ger Lieb' ernährt.
O nimm mein Tun, und stelle deins darneben,
So findest du es nimmer scheltenswert.
Und wenn: nicht scheltenswert durch deinen Mund,
Der, seinen Scharlachschmuck entheiligend
So oft als meiner, falschen Liebesbund
Besiegelt, fremden Bettes Schwur getrennt.
Laß mich mit Fug dich hegen, wie du die
Anäugelst, die du liebst, wie ich dich hege;
Pflanz' in dein Herz Erbarmen, daß es blüh',
Und dir dein Mitleid Mitleid ernten möge!

Willst du genießen, wo du nie erhört,
Bleib' es, nach eignem Beispiel, dir verwehrt.

Sonnet 143

Lo, as a careful housewife runs to catch
One of her feathered creatures broke away,
Sets down her babe, and makes all swift despatch
In pursuit of the thing she would have stay;
Whilst her neglected child holds her in chace,
Cries to catch her whose busy care is bent
To follow that which flies before her face,
Not prizing her poor infant's discontent;
So run'st thou after that which flies from thee,
Whilst I thy babe chase thee afar behind;
But if thou catch thy hope, turn back to me,
And play the mother's part, kiss me, be kind:

So will I pray that thou may'st have thy Will,
If thou turn back, and my loud crying still.

Sonett 143

Wie eine Hausfrau sorgsam sich beeilt,
Ein Federviel zu fahn, das ihr entronnen,
Den Säugling niedersetzt, und unverweilt
Dem Vogel nachläuft, den sie gern gewonnen:
Derweil mit Schrei'n ihr unberaten Kind
Sie aufzuhalten ringt, die emsiglich
Was vor ihr herläuft zu erhaschen sinnt,
Unachtsam wie ihr Knäblein ängstet sich:
So läufst du hinter dem, was dir entweicht,
Und ich, dein Kind, dir nach in trübem Mut.
Allein blick' um dich, wenn du's nun erreicht,
Üb' Mutterpflichten, küsse mich, sei gut!

So will ich bitten, daß dir's werd' erfüllt,
Kommst du zurück, und wird mein Schrei'n gestillt.

Sonnet 144

*T**wo loves I have of comfort and despair,*
Which like two spirits do suggest me still;
The better angel is a man right fair,
The worser spirit a woman, colour'd ill.
To win me soon to hell, my female evil
Tempteth my better angel from my side,
And would corrupt my saint to be a devil.
Wooing his purity with her foul pride.
And whether that my angel be turn'd fiend,
Suspect I may, yet not directly tell;
But being both from me, both to each friend,
I guess one angel in another's hell.

Yet this shall I ne'er know, but live in doubt,
Till my bad angel fire my good one out.

Sonett 144

Zwei Flammen hab' ich, die im Doppelbann,
Wie Geister, zwischen Trost und Qual mich lassen darben:
Der beßre Engel ist ein schöner Mann,
Der schlimmere Geist ein Weib von bösen Farben.

Mein weiblich Unheil, bald dem Pfuhl mich zu gesellen,
Lockt meinen guten Engel von mir fort:
Zum Teufel möchte sie den Heiligen entstellen;
Dem Reinen kost ihr falsches Schmeichelwort.

Und, ob mein Engel nun schon eingefeindet,
Besorg' ich; – zwar nicht völlig ist's bekannt; –
Doch, da mich beide fliehn, und beide sich befreundet,
Fürcht' ich, ein Engel ward des andern Höllenbrand.

Und wie es steh', ich kann es nicht vermuten,
Als bis mein böser Geist verschlingt den guten.

Sonnet 145

Those lips that Love's own hand did make
Breath'd forth the sound that said, 'I hate',
To me that languish'd for her sake:
But when she saw my woeful state,
Straight in her heart did mercy come,
Chiding that tongue, that ever sweet
Was us'd in giving gentle doom;
And taught it thus anew to greet:
'I hate' she alter'd with an end
That follow'd it as gentle day
Doth follow night, who like a fiend
From heaven to hell is flown away.

'I hate', from hate away she threw,
And sav'd my life, saying – 'not you'.

Sonett 145

Der Mund, den Liebe bildete,

Er sprach zu mir das Wort: „Ich hasse",

Der ich um sie verschmachtete.

Doch als sie sieht wie ich erblasse,

Kommt Mitleid in ihr Herz zurück,

Sie schilt die Zunge, die mit süßem

Gewähren sonst mir gab das Glück,

Und lehrt sie so von neuem grüßen:

Zum Hasse wird ein Wort getan,

Das folget ihm wie Tageshelle

Der Nacht, die von des Himmels Bahn

Dämonen gleich, entfloh zur Hölle:

Dem Haß entriß sie Hasses Sieg,

Gab Leben neu, und sprach: „Nicht dich."

Sonnet 146

Poor soul, the centre of my sinful earth,
Fool'd by these rebel powers that thee array?
Why dost thou pine within, and suffer dearth,
Painting thy outward walls so costly gay?
Why so large cost, having so short a lease,
Dost thou upon thy fading mansion spend?
Shall worms, inheritors of this excess,
Eat up thy charge? Is this thy body's end?
Then, soul, live thou upon thy servant's loss,
And let that pine aggravate thy store;
Buy terms divine in selling hours of dross;
Within be fed, without be rich no more:

So shalt thou feed on Death, that feeds on men,
And, Death once dead, there's no more dying then.

Sonett 146

O armer Geist, des sünd'gen Staubes Kern,
Rebellischer Mächte Narr, die dich umschalen!
Was stirbst du Hungers drin, und darbest gern,
Um deine Außenwände bunt zu malen?
Warum auf deines Hauses mürbe Scherben,
O kurzer Pächter, wendest du so viel?
Soll Wurm und Moder, der Verschwendung Erben,
Dein Gut vertun? ist dies des Leibes Ziel?
O lebe, Geist! von deines Knechts Verlust;
Und laß ihn darben, daß dein Schatz sich mehre:
Kauf Himmelsleben um verkauften Dust,
Sei nicht mehr außenreich, dein Innres nähre!

So zehrst am Tod du, der am Menschen zehrt;
Und ist Tod tot, hat Sterben aufgehört.

Sonnet 147

My love is as a fever, longing still
For that which longer nurseth the disease;
Feeding on that which doth preserve the ill,
Th' uncertain sickly appetite to please.
My reason, the physician to my love,
Angry that his prescriptions are not kept,
Hath left me, and I desperate now approve
Desire is death, which physic did except.
Past cure I am, now Reason is past care,
And frantic mad with evermore unrest;
My thoughts and my discourse as mad men's are,
At random from truth vainly express'd;

For I have sworn thee fair, and thought thee bright
Who art as black as hell, as dark as night.

Sonett 147

Mein Lieben ist ein Fieber, es begehrt
Nur was die Krankheit fristet; all sein Sehnen
Geht auf den Zunder, der das Übel nährt,
Dem kranken, launenhaften Reiz zu frönen.
Vernunft, mein Liebesarzt, weil ich verschmäht
Was er mir riet, hat mürrisch mich verlassen.
Und hoffnungslos erkenn' ich nur zu spät
Die Mördertriebe, die den Zügel hassen.
Unheilbar bin ich, nun Vernunft zerstoben,
In ew'ger Unruh ein Besessener.
Gedank' und Urteil, wie im Wahnsinn toben
Blind um die Wahrheit irrend hin und her:

Der ich dich schön gepriesen, hell gedacht,
Die schwarz wie Höll' und finster wie die Nacht.

Sonnet 148

O me, what eyes hath Love put in my head,
Which have no correspondence with true sight!
Or, if they have, where is my judgment fled,
That censures falsely what they see aright?
If that be fair whereon my false eyes dote,
What means the world to say it is not so?
If it be not, then love doth well denote
Love's eye is not so true as all men's: no,
How can it? O how can Love's eye be true,
That is so vex'd with watching and with tears?
No marvel then though I mistake my view;
The sun itself sees not, till heaven clears.

O cunning Love! with tears thou keep'st me blind,
Lest eyes well seeing thy foul faults should find.

Sonett 148

Weh! Welche Augen gab mir Venus Sohn,
Die sich auf wahres Sehen nicht verstehn!
Wo nicht: wo ist mein Urteil hingeflohn,
Das falsch entscheidet; was sie richtig sehn?
Ist schön, was meine falschen Augen ehren,
Wie kann die Welt sie denn der Lüge zeihn?
Und ist es nicht; dann kann uns Liebe lehren:
Ihr Aug' ist nicht so wahr als jedes. – Nein!
Wie könnt' es? o wie wär ihr Auge wahr,
Das sich so trübe weint, so müde wacht?
Was Wunder, wenn mich trügt mein Augenpaar!
Sieht doch die Sonne nicht eh' Himmel lacht.

O list'ge Liebe! machst du weinend blind,
Daß wir nicht merken, wie du falsch gesinnt?

Sonnet 149

Canst thou, O cruel! say I love thee not,
When I, against myself, with thee partake?
Do I not think on thee, when I forgot
Am of myself, all tyrant, for thy sake?
Who hateth thee that I do call my friend?
On whom frown'st thou that I do fawn upon?
Nay, if thou low'rst on me, do I not spend
Revenge upon myself with present moan?
What merit do I in myself respect,
That is so proud thy service to despise,
When all my best doth worship thy defect,
Commanded by the motion of thine eyes?

But, love, hate on, for now I know thy mind;
Those that can see thou lov'st, and I am blind.

Sonett 149

Wie sagst du, Harte, daß ich lieblos sei,
Wenn ich mich opfernd selbst für dich gefährde?
Vergess' ich dich, wenn ich mir selbst nicht treu,
Mein eigner Peiniger um deinetwillen werde?
Wer will dir übel, dem ich freundlich wär'?
Wem grolltest du, vor dem ich mich gebogen?
Wenn du mir finster sahst, hab ich nicht schwer
Die Rach' an mir mit strengem Gram vollzogen?
Welch ein Verdienst in mir acht' ich so groß,
Das deinen Dienst so stolz wär' zu verschmähen,
Da all mein Bestes deinen Mängeln kost,
Befehligt schon von deiner Augen Drehen?

Doch, hasse nur! ich weiß, wie du gesinnt:
Du liebst nur Sehende, und ich bin blind.

Sonnet 150

O, from what power hast thou this powerful might,
With insufficiency my heart to sway?
To make me give the lie to my true sight,
And swear that brightness doth not grace the day?
Whence hast thou this becoming of things ill,
That in the very refuse of thy deeds
There is such strength and warrantise of skill,
That in my mind, thy worst all best exceeds?
Who taught thee how to make me love thee more,
The more I hear and see just cause of hate?
O, though I love what others do abhor,
With others thou should'st not abhor my state;

If thy unworthiness rais'd love in me,
More worthy I to be belov'd of thee.

Sonett 150

O welche Macht kann dir die Allmacht leihen,
Mein Herz zu bändigen durch Dürftigkeit,
Daß ich der Lüge muß die offnen Augen zeihen
Und schwören, hellen Tag entstelle Helligkeit?
Von woher kommt dir dieser Reiz des Bösen,
Daß, wenn ich wählen sollte, selbst dein Gift,
Dein Abschaum durch sein freies, sichres Wesen
Das Edelste der andern übertrifft?
Wer lehrte dich mehr Lieb' in mir entzünden,
Je mehr ich Hassensgründe hör' und seh'? –
O lieb' ich gleich was andre schmählich finden,
Mit andern solltest du nicht schmähn mein Weh!

Wenn du durch Unwert mich zum Lieben triebst,
Bin ich nur würdiger, daß du mich liebst.

Sonnet 151

Love is too young to know what conscience is;
Yet who knows not, conscience is born of love?
Then, gentle cheater, urge not my amiss,
Lest guilty of my faults thy sweet self prove.
For thou betraying me, I do betray
My nobler part to my gross body's treason;
My soul doth tell my body that he may
Triumph in love; flesh stays no farther reason,
But rising at thy name, doth point out thee
As his triumphant prize. Proud of this pride,
He is contented thy poor drudge to be,
To stand in thy affairs, fall by thy side.

No want of conscience hold it that I call
Her 'love', for whose dear love I rise and fall.

Sonett 151

Lieb' ist zu jung, sie weiß nichts von Gewissen;
Und doch, wer weiß es nicht? Gewissen stammt von ihr.
Drum laß mich, lieber Dieb, für meinen Fehl nicht büßen!
Sonst teilt dein holdes Selbst die gleiche Schuld mit mir.
Denn wie du mich verführst, verführ' ich wieder
Mein beßres Teil zu schnödem Sinnenwahn.
Die Seele spricht zum Leib: Du kannst Gebieter
Der Liebe sein! – Fleisch hört kein Warnen an:
Dein Nam' erweckt es; seine Siegesbeute
Sieht es in dir. Von solchem Stolz geschwellt,
Wird es dein armer Knecht, der dir zur Seite
In deinen Diensten willig steht und fällt.

Laß mein Gewissen, wenn ich Liebesgruß
Dir bringe, der zu Lieb' ich stehn und fallen muß.

Sonnet 152

In loving thee thou know'st I am forsworn,
But thou art twice forsworn; to me love swearing,
In act thy bed-vow broke, and new faith torn,
In vowing new hate after new love bearing.
But why of two oaths' breach do I accuse thee,
When I break twenty? I am perjur'd most;
For all my vows are oaths but to misuse thee,
And all my honest faith in thee is lost:
For I have sworn deep oaths of thy deep kindness,
Oaths of thy love, thy truth, thy constancy;
And, to enlighten thee, gave eyes to blindness,
Or made them swear against the thing they see;

For I have sworn thee fair: more perjur'd I,
To swear, against the truth, so foul a lie!

Sonett 152

Daß ich dich lieb' ist Meineid, weißt du: doch
Zwiefach meineidig du, mir Liebe schwörend,
Brachst mit der Tat dein Bettgelübde, noch
Den neuen Liebesbund in neuem Haß zerstörend!
Doch ich, der zwanzig Eide bricht, wie könnt' ich
Dir zwei verübeln? Lüg' ich doch weit mehr;
Und was ich schwören mag, mißhandelt dich beständig:
Mein bestes Wort machst du bedeutungsleer.

Denn ich beschwur mit teuern Seelenschwüren
Dein teures Lieben, deine Güt' und Treu;
Ich lieh der Blindheit Augen, dich zu zieren:
Verleugnen mußten sie, daß wahr ihr Zeugnis sei:

Denn ich schwur, du seist schön: o grober Trug,
Natur zu lästern mit so schnödem Lug!

Sonnet 153

Cupid laid by his brand, and fell asleep:
A maid of Dian's this advantage found,
And his love-kindling fire did quickly steep
In a cold valley-fountain of that ground;
Which borrow'd from this holy fire of love
A dateless lively heat, still to endure;
And grew a seething bath, which yet men prove
Against strange maladies a sovereign cure.
But at my mistress' eye Love's brand new-fired,
The boy for trial needs would touch my breast;
I sick withal, the help of bath desired,
And thither hied, a sad distemper'd guest,

But found no cure; the bath for my help lies
Where Cupid got new fire; my mistress' eyes.

Sonett 153

Cupido warf die Fackel hin, und schlief;
Ein Mägdlein der Diana stahl den Fang,
Und taucht der Liebe Feuerzunder tief
In einen kalten Quell, der dort entsprang.
Alsbald durchdrang vom heil'gen Brand die Wellen
Für alle Zeit lebendig rege Glut,
Und ward ein siedend Bad, in schlimmen Fällen
Der Menschen letzte Hülf' und höchstes Gut.
Doch – die an Liebchens Blick frisch angefachte Kerze
Hielt mir aufs Herz der Knabe zum Versuch;
Daß ich, erkrankend von dem heißen Schmerze,
Ein trüber Gast, mich nach dem Bade trug.

Doch half mir's nicht: Die Bäder, die mir taugen,
Sind Amors Feuerquellen, Liebchens Augen.

Sonnet 154

The little Love-god lying once asleep,
Laid by his side his heart-inflaming brand,
Whilst many nymphs that vow'd chaste life to keep
Came tripping by; but in her maiden hand
The fairest votary took up that fire
Which many legions of true hearts had warm'd;
And so the general of hot desire
Was, sleeping, by a virgin hand disarm'd.
This brand she quenched in a cool well by,
Which from love's fire took heat perpetual,
Growing a bath and healthful remedy
For men diseas'd; but I, my mistress' thrall,

Came there for cure, and this by that I prove,
Love's fire heats water, water cools not love.

Sonett 154

Einst schlief der kleine Liebesgott; zur Seiten
Lag neben ihm sein Herzensfeuerbrand,
Und manche Nymphen, die sich keuschem Leben weihten,
Umhüpften ihn. Mit ihrer Mädchenhand
Ergreift die schönste Büßerin dies Feuer,
Darin viel tausend Herzen sich verzehrt:
So ward von Jungfraunhänden der Verleiher
Heißatmender Begier im Schlaf entwehrt.
Sie löscht den Brand in einem kühlen Bronnen,
Den Liebesglut mit ew'ger Hitze traf:
Er ward zum Bad, wo Kranke Heil gewonnen,
Genesung trinkend. – Doch ich, Liebchens Sklav,

Trink' ihn umsonst: die Welle rauscht und spricht:
Wenn Liebe Wasser wärmt, kühlt Wasser Liebe nicht.

Nachwort

Die Zeit, in der William Shakespeare lebte und wirkte, wird mit Recht die elisabethanische Epoche genannt. Die individuellen Herrschertugenden der Königin Elisabeth, die von 1558 bis 1603 regierte, waren zwar in vieler Hinsicht fragwürdig. Die absolute Monarchie jedoch, die sie ebenso geschickt wie skrupellos ausübte, war eine zeitweise sehr praktische Institution, die die nationale Einheit gewährleistete. Aus diesem Grunde war ihr Regime trotz Günstlingswirtschaft und trotz grausamer Verfolgung der Arbeitslosen in gewissem Sinne populär, wiewohl sich gegen dessen Ende jene Spannungen, die ein halbes Jahrhundert später in der bürgerlichen Revolution gipfelten, bereits abzuzeichnen begannen.

In einer Periode, da die Kräfte der noch nominell bestehenden, aber innerlich ausgehöhlten Feudalordnung und des erstarkenden Bürgertums sich vorübergehend in einem labilen Gleichgewicht befanden, kam der Krone eine eigentümliche, auf längere Sicht freilich trügerische Vermittlerrolle zu. Der Tudorabsolutismus, von Heinrich VII. durch die Auflösung der feudalen Gefolgschaften nach den Wirren der Rosenkriege begründet, bildete einerseits nach wie vor die Spitze einer Adelshierarchie, andererseits aber gelang ihm die Entmachtung der rivalisierenden Fürstenhäuser vor allem dadurch, daß er sich auf das Bürgertum und die bereits kapitalistisch wirtschaftende Grundbesitzerschicht stützte.

Die Koalition von Krone und aufsteigender Klasse beruhte auf beiderseitigen Interessen. Gewerbe, Manufaktur und Handel bedurften der Förderung durch die Gesetzgebung, während der Hof zur Entfaltung von Macht und Prunk auf wachsende Zoll- und Steuereinkünfte aus der aufblühenden Wirtschaft angewiesen war. Elisabeth sorgte im Innern für „Ordnung in der Unordnung" und bekämpfte nach außen die Konkurrenzmacht Spanien, wenn auch mit halbem Herzen, denn der Krieg gegen Spanien und die Auseinandersetzung mit dem Katholizismus waren Ausdruck eines Klassenkampfes, dessen Entscheidung zugunsten der Bourgeoisie sie nicht herbeisehnen konnte. Ihre Politik ging dahin, die Dinge in der Schwebe zu lassen, um die Schlüsselposition der Krone weiterhin zu sichern. Doch die Dynamik der gesellschaftlichen Entwicklung war stärker. Der Sieg über die Armada (1588), jene zur Bestrafung der ketzerischen Engländer ausgesandte spanische Expeditionsflotte, wurde ohne Zutun der Zentralgewalt allein dank der ökonomischen Stärke, der fortgeschrittenen Technik und Taktik und nicht zuletzt dank der Begeisterung der selbstbewußten Bürgerklasse erfochten, die nunmehr in die Phase des Kampfes um die Macht eintrat, sich gegen die ihr in den Weg gelegten Hemmnisse energisch zur Wehr setzend.

Den Beginn der vorrevolutionären Periode wird man in England etwa um die Wende vom 16. zum 17. Jahrhundert ansetzen dürfen. Allerdings gibt es dafür kein Stichjahr. Fast alle Gegensätze, die später auflohderten, waren latent vorhanden, und die Unterbrechung offener Feindseligkeiten im Zeichen des elisabethanischen Kompromisses ist nicht mit einem Einschlafen der Klassenantagonismen oder gar mit ideologischer Koexistenz gleichzusetzen. Dem Nebeneinander noch feudal-mittelalterlicher Wirtschaftsformen – vor allem im Norden und Westen des Landes – und eines sich kräftig entfaltenden Kapitalismus im Süden entsprach ein Gegeneinander der Auffassungen nicht allein in der ökonomischen und politisch-religiösen Sphäre, wo der Konflikt bis zum Heranreifen vertagt wurde, sondern in allen Bereichen des geistigen Lebens. Vielleicht ist es sogar erlaubt, von einem Durcheinander zu sprechen, wenn man darunter einen nicht abgeschlossenen Klärungsprozeß versteht. In einem solchen Stadium, da die Geister sich scheiden, gibt es mannigfache Übergänge, Widersprüche und Zwiespälte, die sich keineswegs auf die schematische Formel „bürgerlich-progressiv" und „aristokratisch-reaktionär" reduzieren lassen. Solange die absolute Monarchie nach den Worten von Marx als „zivilisierendes Zentrum" fortschrittlich wirkte und das Bürgertum sich noch nicht voll emanzipiert hatte, war der Hof „die Stätte, an der sich die neuen Ideen am ehesten mit dem überlieferten Gedankengut auseinandersetzen oder verbinden konnten" (Robert Weimann). Den Nährboden der Kultur bildete die aufsteigende Klasse – die berühmten Dichter der Zeit sind fast sämtlich Handwerker- und Kaufmannssöhne –, die Pflege der Künste lag überwiegend beim Hof und bei hochgestellten Mäzenen, die die Schauspielertruppen protegierten und literarische Talente in ihren Kreis zogen. (Der Buchmarkt allein bot dem Schriftsteller nur ein kärgliches Auskommen, nicht mehr als ein Taschengeld.) Die notwendig verengenden Einflüsse des höfischen Klimas wurden im Drama durch die ungemein glückliche Verbindung von Hoftheater und Volksbühne wettgemacht, eine Union, die auf

der anderen Seite – bis zum Auseinanderklaffen beider –
auch der kleinbürgerlichen Begrenzung entgegenwirkte. Unter solchen Bedingungen gelangte gerade diese Kunstform
in den zwei Jahrzehnten zwischen 1590 und 1610 zu voller
Blüte.

William Shakespeares künstlerisches Wirken in seiner Zeit
ist einmalig, aber nicht untypisch. Das wenige, was wir von
seinem Leben wissen, und sein monumentales Gesamtwerk
bestätigen das. Im April des Jahres 1564 in der gewerbfleißigen Provinzstadt Stratford als Sohn eines angesehenen
Gerbers bäuerlicher Herkunft geboren, dürfte der heranwachsende Jüngling nach Absolvierung der örtlichen Lateinschule zeitig durch Gastspiele Londoner Theatertruppen für
die Welt der Bühne begeistert worden sein und – vielleicht
auf dem Umweg über einen Hauslehrerposten bei einer
Adelsfamilie – etwa um 1586 in der Hauptstadt sein Glück
als Schauspieler versucht haben. Genauere Kunde von seiner Betätigung als Bühnenautor besitzen wir erst aus dem
Jahre 1592 in Gestalt eines gehässigen Anwurfs des heruntergekommenen Dramatikers Robert Greene in einer Art
negativer Lebensbilanz, worin Shakespeare als eine „emporgekommene Krähe" bezeichnet wird, die sich mit fremden
Federn schmücke und den Hans Dampf im Theaterleben
spiele. Solcher Ärger setzt bereits ernsthafte Konkurrenz voraus. Sechs Jahre später spendet dann der Literarhistoriker
Francis Meres seinem Altersgenossen Shakespeare das hohe
Lob, er sei der beste englische Komödien- und Tragödiendichter. Er wird Teilhaber am 1599 neuerrichteten Globus-

Theater, und nachdem das Ensemble, dem er angehört, 1603 zur Hofschauspielertruppe aufgerückt ist, erhält er den Status eines königlichen Kammerdieners. Sein Wohlstand gestattet ihm die Erwerbung mehrerer Grundstücke in London und Stratford, das er wieder zum Wohnsitz erkoren hat, bis ihn dort 1616 der Tod dahinrafft. Seine literarische Hinterlassenschaft besteht aus 36 Dramen, von seinen Freunden 1623 erstmalig gesammelt herausgegeben, zwei Versepen und einer Sammlung von Sonetten.

Zweifellos fand Shakespeares Genie im Drama die ihm gemäßeste Ausdrucksform, und insofern war er zum Dramatiker geboren. Daß die Bühnenkunst ihn so ganz gefangennahm, hat aber auch etwas mit den spezifischen Bedingungen (und Aufgaben) des dichterischen Schaffens in seiner Zeit zu tun. Nicht von Anbeginn hatte sich Shakespeare ausschließlich der dramatischen Muse verschrieben. Seine Versuche im episch-lyrischen Genre fallen in die Frühzeit seines Schaffens und nehmen darin einen für seine künstlerische Entwicklung bedeutsamen Platz ein. „Venus und Adonis" (1593) und „Lucretia" (1594) schrieb Shakespeare offenbar, um vor einem anspruchsvollen aristokratischen Lesepublikum den Befähigungsnachweis als Dichter zu erbringen – galt doch das Verfassen von Stücken für die öffentlichen Theater noch kaum als recht präsentable Leistung und als wenig gesellschaftsfähige Beschäftigung; die Anerkennung des Dramas als vollgültiger Kunstgattung setzte sich erst allmählich durch.

Die zwei Verserzählungen behandeln, an zeitgenössischen Vorbildern (Lodge, Spenser, Marlowe) geschult, antike Themen, das eine als erotisches Scherzo mit tragischem Schlußsatz, das andere in Form einer dissonanzenreichen, spannungsgeladenen Charakterstudie eines von moralischen Bindungen „breiten" Menschen. In beiden Fällen dient das überlieferte klassische Sujet der Vermittlung neuer Inhalte. Formal stellt das für jede Strophe verbindliche Reimschema (ababcc bzw. ababbcc) hohe Anforderungen an die künstlerische Meisterschaft.

Sowohl „Venus und Adonis" als auch „Lucretia" sind dem Grafen von Southampton (1573-1624) gewidmet. Die erste Zueignung ist im Tone jener Devotheit gehalten, die im Umgang mit Aristokraten so selbstverständlich war, daß ihr nicht mehr Gewicht zukommt als einer höflichen, wenn auch vielleicht aufrichtig gemeinten Verbeugung. Die zweite Widmung bringt, ohne das gebotene Dekorum zu verletzen, tiefe menschliche Verbundenheit zum Ausdruck – sie ähnelt darin dem 26. Sonett. Es entspricht einer ziemlich sicheren Vermutung, daß Shakespeare, nach Greenes absprechendem Zeugnis bereits ein aufsteigender Stern im Theaterleben, von dem jungen Dichtermäzen während der Jahre 1593/1594, als das Grassieren der Pest öffentliche Vorstellungen in der Hauptstadt verbot, auf dessen Herrensitz Titchfield eingeladen wurde. Dorthin mag er „Venus und Adonis", den „ersten Sprößling meiner Eingebung", wie er das Gedicht nennt, als geziemendes poetisches Gastgeschenk mitgebracht haben. „Lucretia" wäre dann das dem Grafen in der ersten Dedikation versprochene „gewichtigere Werk", entstanden in den Mußestunden seines Aufenthalts im Hause seines Gönners.

Zwischen Shakespeare und Southampton hat sich anscheinend ein engeres persönliches Freundschaftsverhältnis entwickelt, und es liegt nahe, auch die Entstehung der Sonette damit in Beziehung zu setzen, zumal gewisse Übereinstimmungen in der Form und im Gedankengut auf deren zeitliche Nachbarschaft zu den Versepen schließen lassen. Zwingend ist diese Folgerung nicht, doch besitzt sie genügend Wahrscheinlichkeit, um mindestens als Behelfshypothese bei der Betrachtung des Shakespearischen Gedichtzyklus mit herangezogen zu werden. Worauf es ankommt, ist dabei weniger die Person des Mäzens als die weitreichende Problematik einer solchen durch gesellschaftliche Ungleichheit belasteten Beziehung überhaupt.

Was uns an dokumentarischen Zeugnissen über die Sonette zur Verfügung steht, ist dürftig. Erstmalig erwähnt finden sich die „süßen Sonette" des „lieblich honigzüngigen Shakespeare" bei Francis Meres 1598 mit der Angabe, sie seien „im privaten Freundeskreis" vorgetragen worden bzw. im Umlauf gewesen. Meres verdankt seine Kenntnis zweifellos keiner Indiskretion, sondern berichtet aus eigenem Erleben. Die Sonette waren demnach zwar nicht für die breitere Öffentlichkeit, wohl aber für einen begrenzten Kreis von eingeweihten Liebhabern der Dichtkunst bestimmt und können schon deshalb nicht als geheime Herzensergießungen in der Zweisamkeit angesehen werden. Die von Meres benutzten Epitheta bekunden sein literarisches Feinschmeckertum. Sie bezeichnen nicht etwa einen hohen Grad der Süßlichkeit (oder gar der Femininität), sondern sind ästhetische Fachausdrücke für Flüssigkeit der Diktion und Eleganz des Stils. Wie viele der Sonette er selbst kannte, läßt sich natürlich nicht sagen.

Im nächsten Jahr (1599) erschienen fünf Sonette Shakespeares im Druck – im Rahmen einer Gedichtsammlung

„Der verliebte Pilger", die der rührige Verleger Jaggard aus verschiedenen Quellen zusammengestellt hatte und insgesamt unter Shakespeares mittlerweile zugkräftig gewordenem Namen laufen ließ. Drei davon stammen aus der Komödie „Liebes Leid und Lust" („Verlorne Liebesmüh'", 1594?), die andern sind leicht abgewandelte Versionen der Nummern 138 und 144 der späteren Gesamtausgabe. Wegen der Strittigkeit der Reihenfolge beweist deren Abdruck nicht das Vorhandensein aller vorhergehenden; immerhin kann jedoch die Existenz der Mehrzahl bis 1599 vorausgesetzt werden.

Erst 1609 veröffentlichte der Verleger Thomas Thorpe „Shakespeares Sonette" mit dem Vermerk „niemals zuvor gedruckt". Diese Publikation, die überdies das Gedicht „Der Liebenden Klage" enthält, kann durchaus mit Shakespeares Kenntnis und stillschweigender Billigung herausgekommen sein. Das Widmungsblatt freilich schrieb nicht er, sondern Thomas Thorpe, und dieser fühlte sich bewogen, dem „einzigen Erzeuger dieser folgenden Sonette" eine Reverenz zu machen, wobei die Schlußfloskel den Anschein erweckt, als sei dem „Gutes wünschenden Abenteurer beim Auslaufen" vielleicht nicht ganz geheuer gewesen, denn die bildliche Umschreibung läßt durchblicken, daß er sein Unternehmen als gutgemeintes Risiko empfindet. An der Widmung ist viel herumgerätselt worden, aber man geht kaum fehl, wenn man unter dem „einzigen Erzeuger" den „eigentlichen Anreger" des Zyklus versteht, also den darin apostrophierten Freund, dem die einst sanktionierte poetische Verewigung seiner Jugendsünden nachträglich peinlich gewesen sein könnte: Thorpes Segenswünsche sehen in der Tat nach vorbeugender Rückversicherung aus.

Wer der Widmungsempfänger war, den der Verleger wohlweislich nicht mit Namen und Titel benennt, sondern nur als „Mr. W. H." anführt, wird sich nie mit Sicherheit feststellen lassen. Es könnte sich, um nur die beiden einleuchtendsten Theorien zu erwähnen, um William Herbert, Graf von Pembroke, handeln, von dem bekannt ist, daß er zu den Förderern Shakespeares zählte; oder aber – mit Umstellung der Initialen – um Henry Wriothesley, Graf von Southampton. Für Pembroke, der übrigens ganze sechzehn Jahre jünger war als Shakespeare, spricht vor allem der Vorname William; denn bei der verwirrend vieldeutigen artistischen Begriffsakrobatik mit dem Wort „will" in den Sonetten 135 und 136 sind unter anderm offenbar zwei Männer namens William (Kurzform: Will) mit im Spiel. Southampton käme auf Grund der erwähnten Verbindungen zu den ihm gewidmeten Versepen in die engere Wahl. Sämtliche sonst für den einen oder den anderen ins Feld geführten Argumente halten sich derart die Waage, daß die Frage als unentschieden und das Problem demnach als ungelöst gelten muß. Der salomonische Ausweg, beide Anwärter gelten zu lassen, führt zu keinem besseren Resultat.

Den gleichen Mißerfolg haben – trotz beträchtlichen Aufwands an Scharfsinn und Phantasie – alle die weitergehenden Versuche zu verzeichnen, aus den Sonetten *konkrete* Anhaltspunkte für die Biographie Shakespeares zu gewinnen und damit zugleich die Datierung zu klären. Auf den ersten Blick muten die Beweisführungen, einzeln betrachtet, oft bestechend an. Jedoch nicht eine der Mutmaßungen über *fixierbare* zeitgenössische Bezüge auf Ereignisse oder Personen ist unwidersprochen geblieben. Das 107. Sonett ist vom englischen Text her (da Mondfinsternisse wegen ihrer Häufigkeit keinen befriedigenden Anhaltspunkt lieferten) mit einer überstandenen Krankheit der Königin Elisabeth (1596), mit deren Tod (1603), mit überstandenen politischen Krisen (1599, 1601) und schließlich mit dem Untergang der Armada (1588) in Zusammenhang gebracht worden; womöglich sind alle diese Theorien irrig. Ganz ähnlich verhält es sich mit den Bemühungen, Shakespeares Dichterrivalen anhand der Sonette 78 bis 86 namhaft zu machen: Eine Auswahl von rund einem Dutzend gleichberechtigter Anwärter stärkt nicht das Zutrauen in die Stichhaltigkeit der Begründungen. Die „dunkle Dame" (127 ff.) identifizieren zu wollen, ist vollends ein aussichtsloses Unterfangen.

Die universale Uneinigkeit der Forscher in allen diesen Detailfragen bietet den besten Beweis für ihr gemeinsames Fiasko. Shakespeare, so scheint es, hat den Detektiven der Nachwelt ein Schnippchen geschlagen. Allein es ist nicht seine Schuld, daß sie auf die falsche Fährte geraten sind. Es liegt an einer Verkennung seiner Absichten. Recht hat A. A. Smirnow, wenn er schreibt: „Ohne Zweifel verflechten sich in den Sonetten persönliches Erleben und abstrakte dichterische Verallgemeinerung zu einem feinmaschigen Gewebe, in dem es kaum möglich ist, das autobiographische Element festzustellen." Übrig bleibt, was die Entstehungszeit anlangt, nur die aus der relativen Häufigkeit von Parallelen zu anderen datierbaren Werken gefolgerte Annahme, daß die meisten zwischen 1592 und 1599 geschrieben worden sind – was die Möglichkeit einzelner Vorläufer oder Nachzügler nicht ausschließt.

Die Interpretation der Sonette Shakespeares krankt seit

jeher an einer unheilvollen Befangenheit der Kritiker. Erkennbar wird diese Befangenheit bereits 1640 in der von dem Buchhändler John Benson publizierten Auswahl von Gedichten Shakespeares. In der Vorrede an den Leser heißt es dort, die Gedichte hätten bisher nicht das rechte Echo gefunden, sie seien aber „in ihrer Art von eben der Makellosigkeit (purity), für die der Autor selbst zu seinen Lebzeiten sich verbürgt" habe. An welche Art Makellosigkeit gedacht ist, zeigt der Text und die Anordnung der von Benson übernommenen 148 Sonette: Sie sind durch Austausch der Pronomina so vereinheitlicht, daß sie alle an eine Frau gerichtet erscheinen; die Reihenfolge ist auf Kosten einiger Zusammenhänge „systematisiert". Da spukt also bereits der Verdacht der Homosexualität, gegen den sich vielleicht sogar schon Shakespeare hat verwahren müssen und von dem in der Folge die meisten Beurteiler in der einen oder anderen Form heimgesucht worden sind.

Es hat Literaturhistoriker gegeben, denen der bloße Argwohn genügte, um in pharisäischer Unduldsamkeit und Engstirnigkeit die Sonette zu verwerfen und zu wünschen, Shakespeare hätte sie nie geschrieben. (Solchen männlichen Gouvernanten war allerdings die dunkle Dame ein noch ärgerer Dorn im Auge.) Umgekehrt haben Autoren wie Oscar Wilde sie als Zeugnisse einer ihren eigenen Neigungen entsprechenden Knabenliebe willkommen geheißen. Im allgemeinen aber ist die Kritik namentlich des 19. Jahrhunderts einer offenen Stellungnahme ausgewichen. Ganze Theorien verdanken ihre Entstehung letztlich dem Bestreben, den Schwan von Avon unauffällig von dem vermuteten Makel rein zu waschen. Auch den heutigen Leser – das muß eingeräumt werden – wird bei der Lektüre der Sonette hie und da ein gewisses Befremden anwandeln. Darin liegt die Gefahr, daß man sich den rechten Zugang zu ihrer künstlerischen Würdigung verbaut. Sicher ist dieser Zugang nicht leicht. Shakespeares emotionale „Klaviatur" mit ihren reichen Ober- und Untertönen geht über den Bezirk des Alltäglichen hinaus. Jedoch der Eindruck, er vermittle hier Gefühle, die *abseits* der Sphäre des normalen menschlichen Miterlebens liegen, wäre irrig. Eine solche falsche Auffassung zu widerlegen gebietet nicht die Wahrung von Shakespeares gutem Ruf bei den Sittenrichtern – daran ist ohnehin nichts mehr zu verderben –, sondern die Verantwortung gegenüber seinem dichterischen Werk und dessen Echo.

Das nächstliegende Argument ist der Hinweis auf seine frühe Heirat (1582) und die aus seiner Ehe hervorgegangenen Kinder. Dann sprechen die Sonette um die dunkle Dame eine sehr deutliche Sprache: Das Verhältnis zu ihr ist bis an die Grenze der Hörigkeit sexuell bestimmt. Von der Liebe zum Freund gilt das hingegen gerade nicht, wie unschwer aus dem 20. Sonett zu entnehmen. Am beweiskräftigsten dürfte die Tatsache sein, daß in Shakespeares dramatischem Werk, in dem doch die ganze Vielfalt menschlicher Beziehungen ausgeschöpft ist, sich auch nicht die leiseste geheime Vorliebe für homosexuelle Vorstellungsbereiche hat nachweisen lassen.

Erledigt sich damit auch im wesentlichen die Frage nach Shakespeares individueller Veranlagung, so bleiben doch die Ursachen der aufgetretenen Fehldeutung zu klären. Eine davon ist, oberflächlich betrachtet, sprachlicher Natur: Der höfischen Dichtung waren überschwengliche Formulierungen wie „süßer Knab'" (108) gemäß, und vor allem hatte das Wort „Liebe" einen weiten Begriffsradius, der die Sphären der erotischen Anziehung und der freundschaftlichen Zuneigung gleichermaßen umspannte; dafür liefert die zeitgenössische Literatur und Korrespondenz Beispiele die Fülle. Der Sprachgebrauch steht wohl im Zusammenhang mit dem von der Renaissance gepflegten Ideal der Männerfreundschaft, welchem Shakespeare in hohem Grad verpflichtet war.

Dieses Ideal, der Antike entlehnt, entsprach auf der einen Seite dem echten Drang einer den feudalen Treuebindungen entwachsenden aufstrebenden Klasse, sich gemeinschaftlich ihre neue Welt zu erobern – auf See, im Felde und an den Stätten der Forschung. (Dies sind die drei Haupterziehungsstätten von Shakespeares jugendlichen Helden in den frühen Komödien.) Andererseits ist es bereits Ausdruck der Abwehr gegen die Gefühlskälte des isolierten Eigeninteresses. Darein mischen sich platonische Vorstellungen und überkommene religiöse Vorurteile von der Sündhaftigkeit der Geschlechtsliebe, die der Frau ihren niederen Platz anweisen. Die Männerfreundschaft, zum Leitstern erhoben, ist somit ein komplexes und in sich widersprüchliches Ideal, dem aktivierende humanistische Werte innewohnen, das aber auch hemmende Tendenzen der Verkrampfung in sich trägt. Es vermochte überdies höchstens in Ausnahmefällen die noch bestehenden Standesschranken zu überwinden, und wo es sich ihnen anzupassen versuchte, konnten innere Konflikte nicht ausbleiben.

Das Abhängigkeitsverhältnis des Dichters zum aristokratischen Mäzen war ein Problem für sich. Mochten beider Interessen auch gleichgerichtet sein (Neuadel und Bourgeoisie gingen teilweise konform), so bildeten doch objektive Ungleichheit und die Magie von Rang und Titel für das Zustandekommen des ersehnten „Ehebundes treuer Seelen" (116) ein ernstes Hindernis. Selbst bei wechselseitiger warmer Zuneigung blieb unvermeidlich das Gefühl des einen von Herablassung, das des anderen von Ehrerbietung angekränkelt. Von bewußter Liebedienerei einmal abgesehen, nahm auch echte poetische Emotion wie unter einer Zwangsvorstellung ungesunde Formen an. Dessen war sich der italienische Dichter Tasso (1544–1595) anscheinend bewußt, als er über sein Verhältnis zu seinem ersten Mäzen schrieb: „Ich glühte vor Hingebung für meinen Herrn wie nur je ein Mann für seine Geliebte und wurde so unversehens beinahe zum Götzendiener." Daß Shakespeare eben diesen Verdacht des Götzendienstes für seine Person zurückweist (105), zeigt immerhin, daß er so fern nicht lag. Wir brauchen nicht an seinen Worten zu zweifeln – er war viel zu hellsichtig und kritisch, um den Gegenstand seiner Verehrung einseitig zu vergöttern –, werden aber dennoch in Ansehung der besonderen Situation die Anbetung des Freundes in ihren extremeren Äußerungen (57/58) cum grano salis zu nehmen haben, ohne deshalb die Aufrichtigkeit der Neigung an sich in Frage zu stellen.

Noch ein fernerer Umstand will berücksichtigt sein. Das Sonett als Gattung, um die Mitte des 16. Jahrhunderts von Wyatt und Surrey aus Italien nach England verpflanzt, war dort nach teilweiser Anpassung seiner Form an das andere sprachliche Medium allmählich heimisch geworden und erlebte dann in den neunziger Jahren ziemlich plötzlich eine Art Hochblüte, die man geradezu als Hochkonjunktur bezeichnen könnte. Ausgelöst wurde diese literarische Mode 1591 durch die postume Veröffentlichung des „Astrophel und Stella"-Zyklus von Sir Philip Sidney (1554–1586), einem ausgesprochen höfischen Dichter. Unmittelbar darauf setzte spontan ein allgemeiner Dichterwettbewerb ein, an dem teilzunehmen für jeden Jünger der Muse und Amateurpoeten nachgerade zur Ehrensache wurde. Die im Druck überlieferten rund 1200 Sonette aus den Jahren 1592 bis 1597 stellen nur einen Bruchteil der Gesamtproduktion dar, die gut und gern etwa das Zehnfache betragen haben dürfte.

Das jähe Wuchern des importierten Genres erklärt sich zu einem Teil aus dem unwiderstehlichen Reiz, die eigene Kunstfertigkeit an einer schwer zu meisternden neuen Ausdrucksform zu erproben. Der italienische Reimtypus abba abba für die beiden Vierzeiler (Quartinen) mit zwei oder allenfalls drei weiteren Reimen in den folgenden Dreizeilern (Terzinen) wurde von einigen Dichtern beibehalten, verlangte der englischen Sprache aber nahezu Unmögliches ab. Immerhin war auch die von Surrey erfundene und von Shakespeare gewählte Variante abab cdcd efef gg noch schwierig genug und nötigte überdies durch die Gliederung in drei Quartinen und ein epigrammatisches „Couplet" (Schlußzweizeiler) zu strengerer rhetorischer Disziplin in der Gedankenführung.

Suggestiver noch als die Form war indes der damit gekoppelte Inhalt. Seit Petrarca (1304–1374) im Sonett die ihm unerreichbare „Madonna Laura im Leben und im Tod" besungen hatte, blieb es im Grundtenor festgelegt. Es handelte bei seinen Nachahmern und Epigonen von hoffnungsloser Sehnsucht nach einer unnahbaren Geliebten, von der Anbetung eines entrückten Ideals, von einem Streben ohne Erfüllung und damit auch von Weltschmerz und Verzicht, untermischt mit Beteuerungen des eignen Unwerts im Wechsel mit Klagen über die Sprödigkeit der grausamen Schönen. Es liegt auf der Hand, daß eine solche symbolträchtige Thematik, von der höfisch-aristokratischen Dichtung in ein stereotypes Schema gebracht, ursächlich nur noch wenig mit individuellem Liebeskummer zu tun hat. Sie entstammt weit eher einem verbreiteten uneingestandenem Gefühl der Stagnation und Ausweglosigkeit, wobei aus der Not eine poetische Tugend gemacht wird. Der feinempfindende Dichter trägt Melancholie zur Schau und kleidet Schönheit und Keuschheit der Vergötterten in ein preziöses Sprachgewand.

Das Shakespearesche Sonett verleugnet seine Herkunft aus dieser Tradition nicht, aber es verwandelt und überwindet sie zugleich, stellt es sich doch in vielem der Modeströmung geradezu entgegen. Der Freund ist – im Guten und im Bösen – in viel stärkerem Maße idealer und realer Exponent der Gesellschaft als die herkömmliche Geliebte, und das Porträt der dunklen Dame präsentiert sich als bewußt provokatorische Antithese zum konventionell verlogenen Frauenidol der Hofpoeten. Fast sieht es so aus, als seien beide eigens ersonnen, um die zur Schablone entartete Sonett-Tradition durch kritische Aneignung und engere Verbindung mit der Wirklichkeit neu zu beleben. Allein eben der Eindruck der Lebensnähe macht es dennoch wahrscheinlich, daß die Entstehung der Sonette auf einen bestimmten Erlebnisinhalt als Kernsubstanz zurückgeht; sie sind freilich mehr als bloß der dichterische Niederschlag einer konfliktreichen persönlichen Beziehung zu einem hochgestellten Gönner und einer gemeinsamen Geliebten: Shakespeare schmiedet gleichsam aus dem glühenden Rohstoff einer wahren Begebenheit ein kunstvolles Gebilde von hoher poetischer Wahrheit – und da dürfen wir zwar vermuten, aus welchem Material es geformt ist, brauchen aber nicht zu wissen, wie dieses im einzelnen ursprünglich beschaffen war. Alles Zufällige, Faktenmäßige ist in der Gestaltung des allein Wesentlichen aufgegangen.

Obwohl ihnen eine „Handlung" zugrunde liegt, erzählen die Sonette keine zusammenhängende „Geschichte" – oder doch nur insoweit, als sich äußeres Geschehen aus ihrer inneren Thematik mehr oder meist minder deutlich von selbst ergibt. Rätselraten ist fehl am Platze. Es sind immer wieder begründete Zweifel aufgetaucht, ob die Anordnung der Gedichte in der Ausgabe von 1609 „richtig" sei; doch haben die verschiedensten Versuche, durch Umstellungen den ‹eigentlichen› Leitfaden zu ermitteln, stets bestenfalls nur Teilerfolge gezeitigt: Nie wollte die Rechnung ganz aufgehen. Offenbar ist der Zyklus eben *kein* Rösselsprung, und somit verdient die uns immerhin noch aus Shakespeares Lebzeiten überlieferte Reihenfolge den Vorzug. Sie ist mindestens nicht schlechter und nicht besser als irgendeine andere.

Am Anfang stehen siebzehn Sonette, in welchen der Dichter einem schönen und begabten Jüngling in allen Tonarten eindringlich zuredet, durch Zeugung von Nachkommen seinen hervorragenden Eigenschaften Dauer und Vermehrung zu sichern. Wiewohl es nicht ausgeschlossen ist, daß diese Aufforderung sich sozusagen im Auftrage an einen Adelssproß richtete, der einer im Familieninteresse liegenden Heirat widerstrebte, so wäre eine solche Auffassung doch viel zu eng. Sie ist nicht einmal sehr wahrscheinlich, denn von Eheschließung ist nirgends die Rede, und ebensowenig kommen etwa die Vorzüge einer passenden Braut zur Sprache. Vielmehr wird in dieser Gruppe auf streng rationaler Grundlage der allgemeingültige Gedanke entwickelt, daß es eine Bestimmung des Menschen ist, in der nächsten Generation wiederaufzuerstehen und so der Vergänglichkeit und dem Tod zu trotzen. Das ihm von der Natur mitgegebene „Erbgut" wird einem geliehenen Kapital verglichen, das beizeiten richtig anzulegen und zu mehren lohnende Pflicht ist, während fruchtlose Hortung zum Bankrott führt. Die ganze biologisch-ökonomische Argumentation ist aufs Diesseits und in die Zukunft gerichtet; sie kehrt dem religiösen Unsterblichkeitsdogma den Rücken und steht mit ihrer unbedingten Bejahung der Fortpflanzung in diametralem Gegensatz zur höfischen Minne; sie wendet sich an die „Bestbegabten" (11), von denen „die Welt" (9) einen besonderen Beitrag erwarten und fordern darf. (Dies letztere ist in Ansehung der historischen Situation nicht ohne weiteres mit den reaktionären Auslesetheorien der untergehenden Gesellschaftsordnung gleichzusetzen.)

Ganz ähnliche Gedankengänge sind vor Shakespeare bei dem Humanisten Erasmus von Rotterdam (1466–1536) und bei seinem zeitgenössischen Vorläufer Christopher Marlowe (1564–1593) anzutreffen. Sie entstammen einem fortgeschrittenen bürgerlichen Bewußtsein, weichen allerdings von der religiös geprägten Hauptlinie der neuen Klassenideologie ab. „Vermehrung" wurde in einer expansiven Gesellschaft zur universalen Parole, sei es in der Beziehung auf Naturprodukte, Waren, Handel, Menschen oder Geld. Shakespeare geht es vor allem um das Fortbestehen und die Verbreitung von Schönheit, Weisheit und Wahrheit, die für ihn insofern keine idealistischen Abstraktionen sind, als sie sich nur im lebendigen Menschen manifestieren.

Die „Fortpflanzungssonette" weisen einen Weg zum Ziel. Sie können deshalb aber nicht ohne Einschränkung optimistisch genannt werden. Der Ton der Warnung und der Skepsis ist unüberhörbar. Die Sonette 12 und 15 künden von Vergänglichkeit und vom steten „Kampfe mit der Zeit" – ein dann in Variationen immer wiederkehrendes Thema, das in rund einem Drittel der Sonette angeschlagen wird. Nicht allein das Studium der Geschichte, weit mehr noch die erlebte Anschauung seiner in Umwälzung begriffenen Gegenwart mögen Shakespeare – wie vielen Dichtern jener Übergangsperiode – den Gedanken des ewigen Wandels der Dinge und die Suche nach einem ruhenden Pol in der Erscheinungen Flucht so besonders nahegelegt haben.

Ist die biologische Existenz des Menschen auch die Grundvoraussetzung für die ersehnte „ewige" Dauer der „Schönheit" – als Summe ästhetischer und ethischer Werte – über die knappe Spanne ihrer individuellen Verkörperung hinaus, so bietet sie in sich selbst doch noch keine Gewähr dafür. Zur Weitergabe und Vermehrung der Anlagen durch Zeugung muß zu deren rechter Entfaltung die Weitergabe des geistigen Vermächtnisses in Form der fortwirkenden Tradition hinzutreten. Daher will der Dichter des Freundes Schönheit nicht allein auf dessen leibliche Nachkommen übertragen sehen, er will ihr zudem ein bleibendes poetisches Denkmal setzen – nicht im Sinne eines monumentalen Epitaphs, sondern in seinen Worten als „lebendes Gedächtnismal" (55; vgl. auch 81). Das gleiche Bild des Herausdestillierens der Essenz von Rosenblättern in einer bauchigen Flasche, das er für die leibliche Zeugung gebraucht (5, 6), wendet er auch auf seine Dichtung an. Sie ist das Gefäß, in dem sich der Extrakt, die Quintessenz der Jugendschönheit zur Wahrheit verdichtet (54). Indem der Freund des Dichters Phantasie befruchtet, entsteht ein ideales Abbild seines Wesens, das beider Züge trägt. Die „Verewigungssonette" sind gleichsam die dem „Ehebund treuer Seelen" (116) entsprossenen Kinder, denen eine neue Qualität eignet. Wovon sie künden, ist tatsächlich nicht des Freundes vergänglicher Name; noch erschöpft sich ihr Gehalt in der Aufzählung seiner mehr oder minder glaubhaften persönlichen Tugenden; wohl aber sprechen sie zu uns von der Liebe und Bewunderung des Menschen für den Menschen, und dies um so mehr, als die Apotheose einem fehlbaren Sterblichen und keiner himmlischen Lichtgestalt zugedacht ist. Es ist das Hohelied der Freundschaft, das Shakespeare meint, wenn er, an eine berühmte Ode des Horaz anknüpfend, zuversichtlich ausruft:

Nicht Marmor, nicht das Gold an Königssäulen
Kann überdauern dieses Reimes Macht (55).

Das Gefühl der Zusammengehörigkeit, die Liebe, die Menschen aneinanderbindet, „ist ein Kind, das fort und fort gedeiht" (115). Sie ist weder „ein Narr der Zeit" (116) noch „nur ein Kind der Welt" (124) und daher stärker als Krieg und Neid (55). Ihre Sprache wird auch in „armen Reimen" von künftigen Generationen gehört und verstanden werden,

Wenn ehr'ne Gräber, wenn Tyrannenschilde schwinden
(107).

Aus dem Erlebnis der Freundschaft schöpft Shakespeare den festen Glauben an ihren ewigen Bestand als einigende Kraft. Aber er gibt sich keinen Illusionen hin. Es ergeht ihm wie Hamlet, dem Ideal und Wirklichkeit in ihrem Auseinanderklaffen stets gegenwärtig sind, dem daher „die Erde, dieser treffliche Bau, ... nur ein kahles Vorgebirge scheint". Hamlets folgende Worte fassen das Credo der Sonette zusammen, sie könnten dem Zyklus geradezu als Motto voranstehen:

Welch ein Meisterwerk ist der Mensch! wie edel durch Vernunft! wie unbegrenzt an Fähigkeiten! in Gestalt und Bewegung wie bedeutend und wunderwürdig! im Handeln wie ähnlich einem Engel! im Begreifen wie ähnlich einem Gott! die Zierde der Welt! das Vorbild der Lebendigen! Und doch, was ist mir diese Quintessenz von Staube –? Ich habe keine Lust am Manne und am Weibe auch nicht ...

Von der Anbetung des jungen Adonis (53) als „Vorbild der Lebendigen" ausgehend, gelangt Shakespeare durch leidvolle Erfahrungen zu einer kritischen Weltsicht, wie sie am stärksten sich im 66. Sonett ausdrückt, dessen Schlußzweizeiler, wie auch sonst mitunter, nur als obligates Anhängsel wirkt. Das ist kein gerader Weg, und eben deshalb wäre es verfehlt, „Ordnung" in die Sonette bringen zu wollen. Der Dichter ist wechselnden Stimmungen unterworfen; im Drange, mit sich und der ihn umgebenden Wirklichkeit ins reine zu kommen, wendet er seine Betrachtung den verschiedensten Lebensbereichen zu.

Dabei werden seine Gefühle und Gedanken immer wieder vom zentralen Problem der sozialen Ungerechtigkeit gefangengenommen. Die ungleiche Verteilung der Glücksgüter – dem Wirken der launischen Fortuna zugeschrieben (111) – ist die Quelle vieler Übel. Zwar sind Ehre, Titel, Fürstengunst und Kriegsruhm (25), Adel, Reichtum, prächtige Gewänder und der Besitz von Jagdhundmeuten (91) in ihrer Vergänglichkeit und Äußerlichkeit nicht an sich selbst erstrebenswert; aber des Dichters „ausgestoßnes Dasein" (29) entringt ihm bittre Klagen, es macht ihn befangen (23), ja es lähmt ihn förmlich (37), muß er doch gewärtigen, daß der Umgang mit ihm den Freund kompromittiert (36, 89), selbst noch nach seinem Tode (71), da der Makel seines „Handwerks" ihm anhaftet (111) und ihn dem „üblen Leumund" preisgibt (112; – die Wiedergabe von „vulgar scandal" durch „des Pöbels Dienst" an dieser Stelle geht in der Auslegung zu weit). Es sieht so aus, als habe Shakespeares durch gesellschaftliche Benachteiligung genährter „Selbstverachtungstraum" (29) ihn vorübergehend sogar sein dramatisches Schaffen geringschätzen lassen (72). Wiederum aber ist er sich des eigenen Wertes bewußt und verwahrt sich dagegen, daß die „Welt" ihn nach verkehrten Maßstäben beurteilt:

Vielleicht bin ich gerad, und sie die Krummen:
Ihr gift'ger Hauch schwärzt meine Taten nicht (121).

Überhaupt legt er zwar dem Freunde sein Herz zu Füßen, zollt ihm indes als Höhergestelltem durchaus nicht immer den schuldigen Respekt. Er sagt ihm – verblümt oder geradezu – unliebsame Wahrheiten (69, 84, 93, 96) und hält ihm ein wenig schmeichelhaftes Spiegelbild vor Augen, welches so geartet ist, daß auch andere Mächtige darin wiederzuerkennen sind (94). Dieses Sonett – ohne Zweifel eines der schwerer zugänglichen – hat verschiedene Auslegungen erfahren, doch ist das darin ausgesprochene Lob der reserviert-distanzierten Gefühlskälte als politischer Tugend zweischneidig (der Vergleich zum Prinzen Heinz in „Heinrich IV." liegt nahe), und das damit scheinbar beziehungslos gekoppelte Bild der verwesenden Lilien, denen „das ärmste Unkraut vorzuziehn" sei, deutet auf die innere Fäulnis einer die Fassade wahrenden Oberschicht. Auch das Abschiedssonett an den Freund (87) drückt nicht schmerzliche Entsagung aus, sondern wirft ein ironisches Licht auf dessen „Freibrief" der Überheblichkeit Die in der Übersetzung nicht so klar hervortretende durchlaufende juristische Terminologie bringt das Aufhören der Beziehung auf die Ebene der Zurücknahme einer Übereignung durch einen bevorrechtigten Partner. Das Reimpaar am Schluß spricht vom Erwachen aus einem trügerischen Traum. Die Abstand haltende Distanz ist hier auf seiten des Dichters – ohne daß damit der Trennungsstrich schon endgültig gezogen wäre. Sein Gefühl wehrt sich hartnäckig gegen die Erkenntnis und schwankt weiter zwischen Hoffen und Bangen. Es möchte so gern „im Traum ein König" bleiben und vom „Königsgift der Schmeichelei" (114) zehren, das ihm der Augenschein willfährig zuträgt. Allein, schon der Vergleich zeigt, wie quälender Zweifel an seiner Seele nagt.

Der Vergleich, obwohl konventionell, lag im übrigen greifbar nahe. Die Hofluft war mit Lobhudelei gesättigt, und im Wettbewerb der Poeten um die Gunst der Mäzene fand servile Beweihräucherung oft weit mehr Anklang als dichterische Wahrheit. Die Kunst erfreute sich bei der Aristokratie keineswegs immer der besten Pflege. Das ist es, wogegen Shakespeare in den auf seinen Dichterrivalen gemünzten Sonetten (78 bis 86) protestiert. Sie zeugen mitnichten, wie fälschlich herausgelesen worden ist, von geheimer Bewunderung für den größeren Könner; sie sind im Gegenteil scharf polemisch und beißend sarkastisch. Der „Beßre Geist" (80), der jetzt des Freundes Ruhm verkündet, spricht mit „Fremdlingsmund" (78). Sein „großer Vers" (86) ist wie ein Piratenschiff, auf Kaperung erpicht. Die Gegenüberstellung der stolzgeschwellten Galeere mit des ehrlichen Dichters „weit geringrem Kahn" (80) weckt die (damals noch frische) Erinnerung an die Bezwingung der unüberwindlichen spanischen Armada durch die ungleich wendigeren tapferen kleinen englischen Flotteneinheiten. Um so schlimmer für den Freund, wenn er, „für ödes Flitterlob der Poesie" (83) empfänglich, dem, der „das meiste sagt" (84), den Vorzug gibt.

Die literarische Fehde, die hier ausgefochten wird, hat nichts mit Eifersüchtelei zu tun. Sie betrifft Grundsätzliches. Shakespeare bricht eine Lanze für schlichte Wahrheit gegen „jene Muse".

Die nur zusammenhäuft hochtrabende Vergleiche (21).

Ähnliches läßt er Biron in „Liebes Leid und Lust" sagen:

Fort, taftne Phrasen, Klingklang schwacher Dichter,
Hyperbeln, superfein, geziert und schwirrend,
Fort, seidner Bombast, Schmetterlingsgelichter,
Das Grillen mir gebrütet, sinnverwirrend:
Euch meid' ich.

Gewiß ist auch er nicht frei von Künstelei; *ein* Beispiel dafür ist etwa das Sonett 99 – falls es nicht in parodistischer Nachahmung verfaßt wurde. Aber seiner Natur widerstrebt jede Art von Verfälschung der Wirklichkeit, sei es Bombast oder Preziosität, und darin unterscheidet er sich essentiell von den „Sonettierern" seiner Zeit, ungeachtet der einen oder andern platten Niedlichkeit und gelegentlichen modischen Variationen über ein antikes Thema (128, 145, 153 und 154 werden von einigen Kritikern in ihrer Echtheit angezweifelt).

Obwohl die Sonette 127 bis 152 keine in sich geschlossene Gruppe bilden, haben sie in der Mehrzahl eine fast brutale Ehrlichkeit gemeinsam, die der glatten Konvention stracks zuwiderläuft. Die nach landläufigen Maßstäben unerklärliche sexuelle Anziehung jener symbolhaft „dunklen" Dame ist ein Stück Realität, das andere Autoren, wenn sie von Liebe schrieben, sorgfältig umgingen. Shakespeare präsentiert uns die Verführerin zunächst scherzhaft als Anti-Göttin, indem er den ganzen Katalog abgestandener Vergleiche, mit denen Damen notorisch angehimmelt wurden, mit negativem Vorzeichen auf sie anwendet (130). Natürlich kommt dabei einiges für sie Abträgliche heraus, aber das Gedicht will im Grunde nur die Schönfärberei der Modedichter lächerlich machen. Sein nüchterner Inhalt besagt: Wozu die verlogenen Mätzchen – mein Liebchen gefällt mir nun einmal so, wie sie ist. Dabei freilich bleibt es nicht. Schönheit und äußere Anmut können eine Schmälerung vertragen. Wie aber ist es um die Tugend der Dame bestellt? Eine solche Frage überhaupt aufzuwerfen, verstieß gegen jede Etikette: Damen hatten keusch und unnahbar zu sein. Auch hier übertünchte die Dichtung die Wirklichkeit. Shakespeares dunkle

Dame ist der lebende Gegenbeweis – und für die Hofgesellschaft gewiß kein untypisches Beispiel. Obwohl verheiratet, läßt sie sich, „die weit und räumig ist gewillt" (135), mit beiden Freunden zugleich ein und droht als „böser Geist" den guten zu „verschlingen" (144) – Bilder mit drastisch sexuellem Assoziationsgehalt. Was eigentlich an ihr begehrenswert ist, entzieht sich der Bestimmung (141). Von ihr geht jener „Reiz des Bösen" aus (150), der die Vernunft lähmt und die Liebe zu einem „Fieber" macht (147). So wird das Fleisch ihr Knecht: Es „steht und fällt" in ihrem Dienst (151). Sie ist falsch und ohne Scham, dennoch will das Herz nicht glauben, was jeder sieht, es „widersetzt sich offnem Augenschein" (137).

Dieses Erlebnis triebhaften Verfallenseins ohne wechselseitige Neigung bestürzt den Dichter aufs tiefste, und weil es wahr ist, verhehlt er nichts. Man könnte hinzufügen: weil es so schockierend ist, stellt er es der höfischen Fiktion gegenüber. Er will der Welt ja nicht etwa eine düstere Episode aus seinem Privatleben anvertrauen, sondern durch das Medium suggestiver Sprachkunst Gültiges über das Menschenleben vermitteln. Das Gedicht ist verarbeitete und gestaltete Erfahrung und geht über die Schilderung der einmaligen Begebenheit und momentaner Empfindungen hinaus. Keines der Sonette darf lediglich als eruptiver Gefühlsausbruch gewertet werden. Shakespeare ist kein Romantiker, er ist Realist, und als solcher wählt er seinen Gegenstand bewußt aus (was nicht mit Verstandeskühle zu verwechseln ist) und nimmt dazu einen bestimmten Standpunkt ein, der seinem poetischen Anliegen am besten entspricht. Ein Wechsel des Standpunkts dient der Beleuchtung von verschiedenen Seiten, um der Wirklichkeit in ihren vielfältigen Aspekten gerecht zu werden.

In den Sonetten 40 bis 42, wo es sich mutmaßlich bereits um die dunkle Dame handelt, ist das Verhältnis der beiden Freunde zu ihr ähnlich komödienhaft konzipiert wie das Dreieck Valentin–Silvia–Proteus in den „Beiden Veronesern". Wie sie in den Sonetten 127 und 131 erscheint, erinnert sie an die kecke Rosaline aus „Liebes Leid und Lust",

Mit zwei Pechkugeln im Gesicht statt Augen;
Und eine wahrlich, die die Tat wird tun,
Und wär ein Argus ihr gesetzt zum Wächter!

In ihrer Treulosigkeit wiederum ist sie eine frühe Cressida, allerdings nicht aus der Sicht des jugendlichen Schwärmers Troilus betrachtet, sondern mit den skeptischeren Augen des erfahrenen älteren Liebhabers gesehen (138). Und als „Weib von bösen Farben" (144) kommt sie der Goneril im „König Lear" nahe. Die Skala reicht vom Komischen über das Tragikomische bis in die Sphäre des Tieftragischen.

Zwei Sonette scheinen aus sexuellem Erleben negierende Folgerungen zu ziehen. Sonett 129 gibt dem Umschlag der Gefühle nach bloßer Triebbefriedigung vehementen Ausdruck. Allein, die überraschende Schlußsentenz stellt der Verdammung den Mehrheitsbeschluß entgegen. Sonett 146 wirkt eigentümlich zwiespältig. Es wird meist als Absage der Seele an den Körper verstanden und als Hinwendung zur christlichen Askese mit der Vertröstung auf das Jenseits. Wenn dem so ist, so ist es die einzige Äußerung dieser Art in Shakespeares gesamtem Werk. Doch einige Formulierungen machen stutzig. Die ökonomische Ebene der Argumentation bringt eine geschäftsmäßig-berechnende Note in die außerweltliche Betrachtung und verleiht ihr – ganz ähnlich wie im Sonett 94 – einen ironischen Charakter. Der „Kauf" von ewiger Seligkeit gegen den „Verkauf" einiger Stunden des Vergänglichen (hours of dross) mutet an wie ein vorteilhafter Handel. Die Seele soll von ihres „Knechts Verlust" leben – ein nur allzu realistischer und ethisch unbefriedigender Vergleich. Die Aufforderung, am „Tod" zu zehren, erhält ein förmlich makabres Gepräge, da zuvor die Vorstellung von leichenfressenden Würmern wachgerufen worden war. Es gibt Interpretationen, die rundweg darauf hinauslaufen, daß Shakespeare sich hier als Humanist *gegen* Weltflucht zur Lebensbejahung bekenne. Auch die Fortpflanzungssonette und das der Zeit und Vergänglichkeit entgegengehaltene „Dennoch" (60, 123) legen eine solche Auffassung nahe: Unter „Ewigkeit" wird sonst stets die leibliche Wiedergeburt oder das Andenken bei künftigen Generationen auf Erden verstanden. *Dadurch* verliert der Tod seinen Stachel. Im übrigen ist durch die Negierung des Sinnenrausches nicht auch die Geschlechts*liebe* zur „schnöden Fleischeslust" degradiert. Dafür bürgen Romeo und Julia.

Mögen einzelne Gedichte in ihrer Bedeutung dunkel oder strittig sein, Shakespeares Weltzugewandtheit – im Sinne der steten aktiven Auseinandersetzung mit der gesellschaftlichen Realität und den darin wirkenden Menschen in ihrem Widerspruch – steht außer Frage. Die Sonette sprengen den engen Rahmen der Tradition, sie umfassen eine Vielzahl von Problemen und entfalten einen ungemeinen Gefühls- und Gedankenreichtum. Allerdings ist der Zyklus nicht auf irgendeine Patentlösung hin angelegt. Er fügt sich seiner

Entstehung nach zusammen aus Bruchstücken einer großen Konfession, die, gleich bunten Edelsteinen von Meisterhand geschliffen und graviert, Licht und Schatten menschlichen Erlebens in mannigfacher Tönung reflektieren. Welche Bewußtseinssphären im heutigen Leser auf ihren ästhetischen Reiz antworten, läßt sich vorstellen, aber nicht vorschreiben. Schönheit und Gehalt offenbaren sich in der Dichtung wie in der Musik und der bildenden Kunst zur Gänze nicht bei der ersten Begegnung: Shakespeares Sonette erschließen sich nicht dem flüchtigen Blick; sie wollen mit Hingabe immer wieder gelesen sein. Wer, sich in sie vertiefend, das eine oder andere nach und nach seinem Gedächtnis einprägt, hat sich um einen köstlichen Besitz bereichert.

Die Übertragung ins Deutsche begegnet ungewöhnlichen Schwierigkeiten. Unsere Sprache ist um etwa zwanzig Prozent silbenreicher als die englische, so daß schon die Einhaltung des Metrums größte Ausdrucksdisziplin verlangt. Die getreue Nachahmung der fast durchgängig männlichen Versendungen des Originals grenzt allerdings ans Unmögliche, weshalb notgedrungen elfsilbige Zeilen neben zehnsilbigen stehen müssen – eine Abweichung, die im Deutschen nicht auffällt und die Wirkung kaum beeinträchtigt. Das Reimschema, obschon gegenüber dem italienischen Vorbild gelockert, engt die Wortwahl ein. Alliterationen und Assonanzen lassen sich selten direkt kopieren. Wortspiele spotten meist sogar der Wiedergabe in Prosa. Aber kaum minder problematisch ist die Bildersprache mit ihren vielfachen Gedankenverknüpfungen, die sich aus der Mehrdeutigkeit eines

Wortes oder aus seinem spezifischen Anwendungsbereich ergeben. Shakespeare verwendet z. B. häufig Begriffe aus der juristischen und der ökonomischen Sphäre, deren genaue Entsprechungen im Deutschen undichterisch wirken müssen.

Aussichtslos wäre der Versuch, für die in den Sonetten wechselnden Anredeformen „thou" und „you" ein Äquivalent finden zu wollen, denn die Unterscheidung, wie Shakespeare sie macht, hat nichts mit der Vertraulichkeit des „Du" und der Distanz des „Euch" (oder gar „Sie") gemein, sondern drückt eine weit feinere Abtönung der gegenseitigen Gefühlsbeziehung aus, wobei sogar dem „yor" mehr Innigkeit eignet als der thou-Anrede. Es ist dies im übrigen eine Frage, über die selbst englische Gelehrte nicht einig sind, weil die Sprachentwicklung inzwischen diesen einst spürbaren Nuancenunterschied verwischt hat.

Gerade die hohen Anforderungen, die Shakespeares Sonette an die Übersetzungskunst stellen, haben zahlreiche deutsche Nachdichter bewogen, sich der ebenso schweren wie lohnenden Aufgabe zu widmen. Es gibt rund zwei Dutzend Fassungen von sehr unterschiedlicher Güte. Unter den im ganzen als gelungen zu bezeichnenden die beste herauszufinden, fällt nicht leicht. Wenn für die vorliegende Ausgabe auf die Übersetzung von Gottlob Regis aus dem Jahre 1836 zurückgegriffen wurde, so geschah es vor allem deswegen, weil sie philologische Treue dem Original gegenüber mit einem hochentwickelten Sinn für die poetischen Potenzen der deutschen Sprache vereint. Regis wird dem Sinngehalt gerecht, er läßt nichts weg; er glättet weder, noch erfindet er etwas hinzu. Er versucht nicht, wie später Stefan George, aus der Wortwörtlichkeit eine geschmäcklerische

Tugend zu machen. Wo es not tut, sprengt er die Form, um den Inhalt zu wahren, doch bleiben sechshebige Verse seltene Ausnahmen (z. B. 35, 41, 135). Ein störendes Element bilden jene unbekümmert sächsischen Reime, die unser mittlerweile an die hochdeutsche Bühnenaussprache gewöhntes Ohr peinlich berühren (Dolchen – folgen, vergleichen – Zweigen, reicher – zeug' er u. ä.). Man darf indes diese vermeintliche „Untugend" um so eher in Kauf nehmen, als unsere deutschen Klassiker, an denen Regis seine Sprache geschult hat, davon keineswegs frei sind. Mundartliche Lautungen sind ja nicht an sich poesiewidrig und dürfen daher nicht als Entgleisungen verbucht werden. Sie tun der hervorragenden Übersetzerleistung von Gottlob Regis keinen Abbruch.

Anselm Schlösser

ISBN 3-379-00198-8

© Verlag Philipp Reclam jun. Leipzig 1987
(für diese Ausgabe)
Die deutsche Übersetzung
folgt der Ausgabe:
Shakespeare-Almanach.
Herausgegeben von Gottlob Regis,
Berlin 1836
Der englische Text
wurde folgender Ausgabe nachgedruckt:
Shakespeare's Sonnets.
Edited with Notes and Introduction
by Thomas Tyler,
M. A., London, David Nutt, 1890

1. Auflage
Gesetzt aus Garamond-Antiqua
Gesamtgestaltung: Hans-Joachim Schauß
Printed in the German Democratic Republic
Lizenz Nr. 363. 340/157/87
LSV 7325 – Vbg. 6,4
Gesamtherstellung: Druckwerkstätten Stollberg
Bestellnummer: 664 038 8
01200